Kanalinseln

Klaus Bötig

überarbeitet von
Trudie Trox

Reisen mit Erlebnis-Garantie

10 **MERIAN-TopTen**
Was Sie unbedingt sehen sollten

! **MERIAN-Tipps**
Persönliche Empfehlungen unserer Autoren

MERIAN-Bewertung
MMM Nicht zu übertreffen
MM Herausragend
M Sehr gut

Für Familien
Für Eltern mit Kindern besonders geeignet

65 km ss127 **Tourenplaner**
Damit Sie leichter ans Ziel kommen

← **Titelbild**
St. Peter Port (M. Kirchner/laif)

J602

Rozel auf Jersey, einer der schönsten Fischerhäfen der Inseln (→ S. 64).

Karten und Pläne

Die Buchstaben-Zahlen-Kombinationen im Text verweisen auf die Planquadrate der Karten.

Steilküste und Stranddorado, Blütenmeer und grüne Täler, Steuerparadies und Archipel normannischer Traditionen: Die Kanalinseln sind ein außergewöhnliches Reiseziel.

Bei einer Wanderung auf Guernsey bietet die Steilküste mit ihrer tosenden Brandung, wie hier an der Telegraph Bay, ein beeindruckendes Naturschauspiel (→ S. 92).

Die Kanalinseln sind kein Teil Großbritanniens. Sie gehören nicht einmal zum Vereinigten Königreich und damit ebenfalls nicht zur Europäischen Union. Auf den Inseln gibt es keine politischen Parteien. Daneben entsenden sie weder Abgeordnete ins britische Parlament nach Westminster noch Europaabgeordnete nach Straßburg.

Mehr noch: Jersey und Guernsey sind voneinander völlig unabhängige Staaten. Die Inseln haben eigene Verkehrsregeln, eigene Geldscheine und Münzen. Die Trennung geht sogar so weit, dass die Telefonkarten von Jersey auf Guernsey unbrauchbar sind und umgekehrt. Wer eine Postkarte von Jersey nach Hause schickt, muss auch eine Briefmarke von Jersey darauf kleben; auf Guernsey werden wiederum nur die eigenen Briefmarken anerkannt. Die Preise für Tabakwaren und Spirituosen unterscheiden sich von Insel zu Insel, weil auch die Steuersätze unterschiedlich sind. Jede der beiden Inseln hat ihre eigenen Parlamente und macht ihre eigenen Gesetze. Was allen Kanalinseln allerdings gemeinsam ist, sind die Schönheit der Natur und die reine Luft.

Loyalität zum englischen Königshaus

Jersey bildet als **Bailiwick of Jersey** eine politische Einheit. Zum **Bailiwick of Guernsey** gehören auch die Inseln **Alderney, Herm** und **Sark**. Aber lediglich die an einen Privatmann verpachtete Insel Herm ist wirklich gänzlich von Guernsey abhängig. Alderney und Sark haben wiederum eigene Parlamente. Alderney ist dabei aus finanziellen Gründen enger als Sark an Guernsey gebunden – auf Sark beispielsweise gelten wieder andere Steuersätze als auf der großen Schwesterinsel.

Was alle Inseln miteinander und mit dem übrigen Großbritannien verbindet, ist die Loyalität zum englischen Königshaus. Für die Insulaner allerdings ist Elisabeth II. nicht als Königin von Großbritannien und Nordirland Staatsoberhaupt, sondern als Herzogin der Normandie.

Die geschichtlichen Wurzeln liegen in der Normandie

Wie soll man diesen scheinbaren Wirrwarr durchschauen? Die Geschichte liefert die Erklärung: Als der normannische Herzog Wilhelm II. (Guillaume) im Jahr 1066 zur Eroberung des damals noch angelsächsischen England aufbrach, waren die Kanalinseln schon seit über 100 Jahren Teil seines Herzogtums. Ihre Bewohner betrachteten sich weiterhin als Normannen und England als von ihrem Herzog neu erobertes »Ausland«.

Als das englische Königshaus 1204 die Normandie an Frankreich verlor, entschieden sich die Insulaner für die Treue zu ihrem jetzt als König von England agierenden Herzog: Ihre Inseln waren plötzlich der einzige Rest seines Herzogtums der **Normandie** – und sind es nach dem Verständnis der Inselbewohner noch immer. So kommt es, dass sie bis heute kein

Teil Großbritanniens sind und an den normannischen Traditionen festhalten. Noch bis in das späte 15. Jahrhundert hinein bildeten die Kanalinseln eine Einheit, die von einem gemeinsamen Gouverneur im Auftrag der Krone verwaltet wurde. Um 1470 wurden dann zwei getrennte Bailiwicks geschaffen, die jeweils ihren eigenen Gouverneur erhielten.

Gemeinsamkeiten mit Großbritannien

Natürlich sind über die Krone, aber auch über zahlreiche andere Verflechtungen die Bindungen an Großbritannien eng. Die Außen- und Verteidigungspolitik überlässt man der britischen Regierung in London. Auch die Währungspolitik wird an der Themse gemacht: Deswegen ist der Kurs des britischen Pfundes auf den Kanalinseln immer der gleiche wie in England, deswegen werden auch englische, schottische und nordirische Banknoten auf den Kanalinseln akzeptiert.

Schließlich müssen alle Gesetze, die auf den Inseln erlassen werden, durch den **Privy Council** gebilligt werden. Dieser ist eine Art Kronrat, auf den wiederum die britische Regierung einen gewissen Einfluss hat.

Normannische Relikte

Noch bis ins letzte Jahrhundert hinein war ein mittelalterliches Französisch die Umgangssprache der Insulaner. Heute ist Französisch zur Fremdsprache geworden, das alte **Anglo-Norman** wird lediglich in Traditionszirkeln gepflegt. Trotzdem ist das Idiom der Festlandsnachbarn nicht gänzlich aus dem Alltag verschwunden. Insbesondere auf Jersey besitzen die Straßen nach wie vor französische Bezeichnungen, und auf allen Inseln geben frankophile Hausbesitzer ihren Domizilen gerne entsprechende Namen. In manchen Kirchen werden Teile des Gottesdienstes weiterhin auf Französisch zelebriert; viele topografische Bezeichnungen sind französischen Ursprungs. Sogar in der Rechtsordnung hat sich eine Reihe alter normannischer Elemente erhalten.

Briten, die auf den Kanalinseln leben, haben zum Beispiel kaum Aussichten, ein britisches Kind adoptieren zu können: Nach normannischem Recht würde die Adoptivmutter bei Verwitwung nicht automatisch das Sorgerecht für ihr Adoptivkind behalten, sondern müsste erst vor Gericht nachweisen, dass sie wirklich für das Kind sorgen kann.

Ein einzigartiges Rechtsmittel aus mittelalterlich-normannischer Zeit ist der **Clameur de Haro**, der vor allem bei Grundstücksstreitigkeiten noch häufig angewandt wird. Stellt sich eine der beiden Streitparteien auf die Straße und ruft öffentlich »Haro! Haro! Haro! À l'aide, mon Prince, on me fait tort!« (»Haro ...! Zu Hilfe, mein Fürst, man tut mir Unrecht an!«), muss ein Verfahren vor Gericht erneut aufgerollt werden, was in der Regel immerhin einen Aufschub von mindestens einem Jahr bedeutet. Auf Guernsey und Alderney muss diesem Ausruf zusätzlich noch ein französisch gesprochenes Vaterunser angefügt werden.

Grüne Täler, blühende Hortensien

Geografisch gehören die insgesamt 200 Quadratkilometer großen Channel Islands eindeutig zu Frankreich. An klaren Tagen ist die Küste der Halbinsel Cotentin von allen Inseln aus deutlich zu sehen; Jersey zum Beispiel trennen nur 23 Kilometer vom Festland. Kenner beider Regionen stellen viele landschaftliche Gemeinsamkeiten zwischen der Bretagne und der Inselgruppe im Kanal fest.

Jersey ist mit einer Fläche von 116 Quadratkilometern und 87 000 Einwohnern die größte und bevölkerungsreichste Kanalinsel. **Guernsey** misst 64 Quadratkilometer und zählt 59 800 Bewohner. Auf dem gerade mal acht Quadratkilometer großen **Alderney** leben nur etwa 2300 Menschen.

Die Kanalinseln sind ein ideales Reiseziel für Naturliebhaber. Ausreichend Niederschläge und der Einfluss des Golfstroms, der stärkere Temperaturschwankungen abmildert, sorgen für eine üppige Vegetation. Weil harter Frost unbekannt ist, gedeihen in den Gärten Yuccapalmen und andere subtropische Gewächse. Fuchsien- und Hortensienhecken färben die Landschaft; die zahlreichen Bachtäler auf Jersey und Guernsey sind dicht bewaldet. An weniger geschützten Stellen überziehen Brombeerbüsche und Farne die Hänge und Hochflächen in Meeresnähe. Im Frühjahr und Frühsommer verwandeln sich die Inseln in ein buntes Blütenmeer, aber auch im Herbst müssen Pflanzenfreunde nicht auf die blühende Pracht verzichten.

Nelken und Kühe

Abseits der wenigen Hauptstraßen werden die Inseln von einem engmaschigen Netz schmaler **country roads** durchzogen. Jersey beispielsweise ist stolz auf ein Wegenetz von über 800 Kilometern Länge. Oft sind die Straßen nur einspurig, werden von Trockenmauern oder hohen Hecken begrenzt. Auf Jersey achtet der Staat darauf, dass sie im Sommer beschnitten werden, damit überhaupt ein Auto passieren kann: Die Kontrolle dieses Gebots ist ein hochoffizieller, mit vielen Traditionen verbundener Staatsakt.

Wo man zwischendurch einmal auf Felder blicken kann, sieht man häufig braune Kühe. Diese Jersey- oder Guernsey-Kühe wecken den besonderen Stolz der Insulaner. Sie geben beste Milch, aus der intensiv gelber, besonders fetthaltiger Käse und Sahne gewonnen werden. Ein Tee mit echter **Jersey-** oder **Guernsey-Cream** ist ein unvergesslicher Genuss. Die ökonomische Bedeutung der Viehhaltung ist gering – trotz der neun Millionen Liter Milch, die pro Jahr auf Guernsey erzeugt werden.

Wichtiger sind Schnittblumen geworden, die man auf den beiden großen Inseln in Gewächshäusern heranzieht. So exportiert Guernsey pro Jahr Rosen, Freesien, Nelken, Iris und andere Blumen im Wert

Oben: Der Festungsturm in der L'Ancresse Bay auf Guernsey ist nur einer von vielen Exemplaren, die einst an »Schwachstellen« der Inselverteidigung errichtet wurden (→ S. 45).

Mitte: Landschaftlich interessante Wanderwege entlang einer Steilküste findet man auf jeder der Kanalinseln.

Unten: Natur und Architektur in schönster Harmonie – auf den Kanalinseln fügen sich die Häuser charmant in ihre Umgebung ein; Betonburgen wird man vergebens suchen.

von mehr als 20 Millionen Pfund. Hauptabnehmer ist Großbritannien. Einige Gewächshäuser stehen Besuchern gegen Entgelt zur Besichtigung offen.

Im Wechsel der Gezeiten

Außer auf Sark, das nur Steilküsten besitzt, sind auf allen Inseln zwei Küstentypen zu finden. Eine Hälfte ist Flach-, die andere Steilküste. Erstere werden von langen Sand- oder Kiesstränden gesäumt, während die Steilküsten kleine Buchten mit pittoresken Stränden umschließen. Alle Strände verändern ständig ihr Gesicht. Der **Tidehub,** der Unterschied zwischen Ebbe und Flut, beträgt auf den Kanalinseln bis zu 14 Meter. So ist in manchen Buchten bei Flut kein Meter Sand zu sehen, während man bei Ebbe einen Traumstrand von vielen hundert Metern Länge und Breite vor sich hat. Anderswo schlagen die Wellen bei Flut an die Ufermauern, bei Niedrigwasser aber bietet sich das Bild eines Felsenmeers. Dann wird deutlich, wie schwierig die Navigation für Seeleute in diesen Gewässern ist. Unzählige Felsen bilden Hindernisse, auf denen schon so manches Schiff gestrandet ist. Wer einmal dem Steuermann bei der Fahrt von Sark nach Guernsey über die Schultern schaut, weiß, welche Maßarbeit er zu leisten hat.

Schmale Pfade erschließen dem Wanderer die Steilküsten, kleine Straßen führen in die Nähe vieler Strände. Kein Wunder also, dass der Tourismus für die Inseln der zweitwichtigste Wirtschaftszweig ist. Auf Guernsey stehen den Fremden mehr als 9500 Gästebetten zur Verfügung, auf Jersey sind es an die 20 000.

! MERIAN-Lesetipp

Victor Hugos einziger ins Deutsche übersetzte Roman, der auf den Kanalinseln spielt, ist »**Les Travailleurs de la Mer**«. Unter dem Titel »**Das Teufelsschiff**« erschien er im Diogenes-Verlag. Im Buchhandel erhältlich ist derzeit nur der erste der beiden humorvollen Berichte von Gerald Durrell, dem Begründer des Jersey Zoo. Wie er seine Tiere auf Expeditionen fing, den Zoo aufbaute und führte, erzählt Durrell in »**Ein Koffer voller Tiere**« und »**Die Tiere in meiner Arche**«. Das Leben auf den Kanalinseln während der deutschen Besatzungszeit im Zweiten Weltkrieg verpackt auf interessante Weise Charlotte Link in ihrem spannenden Roman »**Die Rosenzüchterin**« (Blanvalet, 2000).

Oasen für Steuermillionen

Wichtigste Einnahmequelle für die beiden großen Inseln und bedeutendster Arbeitgeber ist die **Finanzwirtschaft**. Auf den Channel Islands gibt es keine Mehrwertsteuer, und die Einkommenssteuer ist extrem niedrig. Auswärtigen Geldanlegern werden ein striktes Bankgeheimnis und weitgehende Steuerfreiheit garantiert. So transferieren Steuerflüchtige aus aller Welt ihre Millionen nach Guernsey, Jersey und Sark. Dutzende britischer und ausländischer **Banken** und **Versicherungen** unterhalten hier Zweigstellen oder verlegen sogar ihren Hauptsitz hierher.

Die Finanzwirtschaft bringt auch den Einheimischen viele Vorteile. Es gibt daher kaum Insulaner, die eine Beschäftigung in Landwirtschaft, Gastronomie oder Hotellerie anstreben. Dort sind folglich überwiegend Italiener, Portugiesen und andere Ausländer beschäftigt. Die Einheimischen suchen Jobs im Bank- und Versicherungswesen.

In **St. Helier** und **St. Peter Port** prägen denn auch tagsüber smarte junge Männer in dunklen, eleganten Anzügen zwischen lässig gekleideten Urlaubern das Straßenbild. Wohl kaum irgendwo sonst sieht man mehr Jaguars und Ferraris; nirgends in Europa ist das Zahlenverhältnis von Autos zu Bevölkerung so hoch wie auf Jersey und Guernsey.

Bunker und Bauernhäuser

Die beiden Inselhauptstädte St. Helier und St. Peter Port sind lebendige Häfen voller historischer Häuser, gut bestückter Geschäfte und stimmungsvoller Pubs. Aber auch sie sind nur eine weitere Facette im bunten Bild des Archipels, der noch weit mehr zu bieten hat.

Deutschen bzw. österreichischen Besuchern mag der Umgang der Insulaner und der Briten überhaupt mit den vielen erhaltenen Bunkern, Feuerleittürmen und anderen Relikten aus der deutschen Besatzungszeit mitunter befremdlich erscheinen. Viele der Wehrbauten sind als Museen eingerichtet, deren Art der Präsentation zwischen still und multimedial-modern schwankt. Wenn die Briten diese Museen auch unverkrampft konsumieren, ist vielen doch Betroffenheit anzumerken. Ressentiments resultieren daraus allerdings kaum.

Neben den nachdenklich stimmenden Relikten aus der Zeit des Zweiten Weltkriegs gehören aber ebenso mittelalterliche Burgen, historische Bauernhäuser mit jahrhundertealten Gemäuern und nicht zuletzt urige Pubs und Hotels mit gepflegter Gastlichkeit zum gelungenen Inselurlaub.

Alles frisch: Beim historischen Viaer Marchi auf Guernsey wird auch Obst und Gemüse aus der örtlichen Landwirtschaft verkauft (→ S. 106).

Nach bester britischer Art sind die Hotels auf den Inseln höchst individuell geprägt. Oft sind sie in historischen Gebäuden untergebracht.

Den ländlichen Charme behäbiger alter Gutshäuser verströmen traditionelle Hotels wie das »Dixcart« auf Sark (→ S. 70).

Viele Hotels und Guesthouses entstanden in schmucken historischen Häusern. Ihr besonderes Flair kommt meist am besten in der Bar und im Restaurant zum Ausdruck. Außerdem können die Zimmer in ihrer Form recht unterschiedlich sein. Zum normalen Komfort gehören selbst in preisgünstigen Unterkünften ein Fernsehgerät sowie die Möglichkeit zum Tee- oder Kaffeekochen im Zimmer. Mischbatterien für Heiß- und Kaltwasser an den Waschbecken oder Badewannen sind aber keineswegs der Standard, und ihre Handhabung ist gewöhnungsbedürftig.

Guesthouses sind Privatpensionen, die meist nur Übernachtung mit Frühstück, manchmal Halbpension anbieten. Im Gegensatz zu Hotels verfügen sie nur selten über eine Bar. **Apartments** werden auf allen Inseln vermietet, **Ferienhäuser** sind jedoch knapp. Eine Jugendherberge gibt es auf keiner der Inseln.

Besonders für Juli und August ist es unbedingt anzuraten, ein Zimmer im Voraus zu buchen. Die Vermieter verlangen häufig eine Anzahlung, die im Falle einer kurzfristigen Stornierung verfällt. In aller Regel reicht es für die Buchung aus, Nummer und Verfallsdatum der Kreditkarte mitzuteilen.

Ein ausführliches und illustriertes **Verzeichnis der Unterkünfte,** vom Hotel bis zum Apartment, erscheint alljährlich für Jersey sowie für Guernsey und die übrigen Inseln. Die beiden Broschüren sind bei den Auskunftsstellen in Deutschland, Österreich und der Schweiz (→ S. 103) erhältlich.

Wer ohne Hotelreservierung auf einer der Inseln eintrifft, wendet sich dort am besten an die Touristeninformation, die bei der Zimmervermittlung hilft. Auf Jersey und Guernsey unterhält sie auch Büros an den Flughäfen.

Gemütliche Atmosphäre im Schutz von 250 Jahre alten Granitmauern: das Stocks Island Hotel auf Sark (→ S. 71).

Alle Übernachtungspreise sind nach Saison gestaffelt und variieren natürlich von Haus zu Haus. **Hochsaison** ist überall im Juli und August; für die übrigen Monate werden bis zu 25 Prozent Ermäßigung auf die Hochsaisonpreise gewährt. Oft ist es günstiger, die Unterkunft über einen Reiseveranstalter bereits im Heimatland zu buchen. Ein Preisvergleich über die Hotelverzeichnisse lohnt sich immer.

♿ Diese Unterkünfte sind behindertengerecht.

Hotels sind bei den einzelnen Inseln im Kapitel »Sehenswerte Orte« beschrieben.

Preisklassen

Die Preise beziehen sich auf ein Doppelzimmer mit Frühstück in der Hauptsaison.

★★★★ über 100 £
★★★ 76–100 £
★★ 50–75 £
★ 35–49 £

Alle in diesem Buch empfohlenen Unterkünfte auf einen Blick

Komforthotels für höhere Ansprüche

Hotels mit Flair/besonderer Lage

Strand- und Ferienhotels

Apartments

Familiäre Hotels

Pensionen/Guesthouses

! MERIAN-Tipp

Bella Luce Hotel auf Guernsey Den Kern des ganzjährig geöffneten Hotels bildet ein historischer Gutshof, dessen unverputzte Granitgemäuer ins 11. und 14. Jh. datiert werden. Die Zimmer verwöhnen mit modernem Komfort, ein Neubau birgt u.a. Sauna und Solarium. Der Pool im Garten ist von Mai bis September beheizt. Zum Strand von Moulin Huet läuft man etwa 700 m durch ein grünes Tal, St. Peter Port ist gut 3 km entfernt (La Fosse, St. Martin, Guernsey; Tel. 04 81/23 87 64, Fax 23 95 61; www.bellalucehotel.guernsey.net; 31 Zimmer ★★★ AmEx EURO VISA). ■ D 4, S. 117

Die Einheimischen gehen am liebsten ins Pub, denn Restaurants sind teuer und die Pubs oft stimmungsvoller. Sandwiches oder Salate gibt es immer, oft auch leckere Fischgerichte.

Das »Old Portelet Inn« ist zwar Jerseys ältester Pub, aber auch bei jungen Insulanern ein sommers wie winters beliebter Treffpunkt (→ S. 58).

Vergessen Sie alle Vorurteile gegenüber der britischen Küche! Es gibt sie zwar, die Buden für Fish & Chips und die einfachen Cafeterias, in denen fade Bratwürste mit Pommes frites und Spiegelei serviert werden – aber sie sind auf den Kanalinseln eher die Ausnahme als die Regel. Man kann hier sowohl eine kulinarische Weltreise unternehmen als auch ausgezeichnete angelsächsische Spezialitäten kennen und lieben lernen.

Weit verbreitet sind französische, italienische, portugiesische und indische Restaurants. Daneben gibt es thailändische, griechische, zypriotische und andere Spezialitäten.

Englisches Frühstück – ein Genuss

In Hotels und Pensionen haben die Gäste in der Regel ohne Aufpreis die Wahl zwischen einem kontinentalen und einem englischen Frühstück. Ist kein Buffet aufgebaut, besteht dieses aus mehreren Gängen.

Zum Auftakt stehen verschiedene Fruchtsäfte und Grapefruit (häufig bereits aus der Dose) zur Wahl. Danach kann man sich zwischen Müsli und Cornflakes-Produkten zu Milch oder Obst entscheiden.

Der Hauptgang des Frühstücks besteht jedoch aus Eiern (nach Wahl zubereitet), Bratwürstchen, gebratenem Schinkenspeck und ebenfalls in der Pfanne gebratenen Pilzen und Tomatenhälften oder -scheiben. Etwas ungewöhnlich mutet vielleicht das Angebot von Fisch an: **Kippers** sind von den Innereien gesäuberte und ohne Kopf geräucherte Heringe. Saftiger ist **smoked haddock** – geräuchertes Schellfischfilet. Den Abschluss bildet Toast mit Butter und Marmelade, wobei vor allem Orangenmarmelade eine Besonderheit ist. So ein Frühstück hält mühelos viele Stunden vor.

Mittags ein Sandwich im Pub

Nach dem reichhaltigen Frühstück darf das Essen mittags leichter sein. Der ideale Ort dafür sind die zahlreichen Pubs. Manche bieten nur Sandwiches an oder eine mit Salat und pikant eingelegtem Gemüse oder auch Walnüssen (**pickled walnuts**) reichhaltig garnierte Käseplatte: den **ploughmans lunch** oder **ploughmans grub.** Die meisten servieren jedoch auch warme Tellergerichte, **pub grub** genannt. Selten enttäuscht **catch of the day**, der fangfrische Fisch – gebacken oder frittiert mit Pommes frites bzw. **wedges of potatoes** (Kartoffelschnitzel).

Bestellt wird fast immer am Tresen und dort auch gleich bezahlt. In größeren Lokalen nennt man die Nummer des Tisches, an dem man sitzt, oder erhält eine Nummer, die später vom Kellner aufgerufen wird, der die Speisen bringt.

! MERIAN-Tipp

Jersey Pottery – The Garden Restaurant Zugegeben, der Platz ist ungewöhnlich für eines der besten Fischrestaurants der Insel. Es liegt nämlich auf dem Gelände einer Töpferei (Di–So 12–17.30 Uhr). Doch die Präsentation wie auch die Qualität der Gerichte sind einzigartig. Sonntags genießen die Insulaner gerne das preisgünstige Menü. Leichte Küche hat sich das neue Restaurant **Spinnakers Bar & Grill** auf die Segel geschrieben (tgl. 9 bis spätabends, Essen bis 21 Uhr, nicht Mo abends). Gorey Village, Jersey; Tel. 85 11 19 ★★★ AmEx EURO VISA

■ E 11, S. 121

Cream Tea – allererste Sahne!

Kein Insulaner möchte auf die unvergleichliche **cream** verzichten: Die frische Sahne der Kanalinseln wird wegen ihres hohen Fettgehalts und ihrer gelblichen Farbe gepriesen. Sie verleiht schwarzem Tee einen unnachahmlichen Geschmack. Bevorzugte Zeit für den **cream tea** sind die Nachmittagsstunden zwischen 15.30 und 17.30 Uhr. Dann gönnt man sich dazu ein Stück Kuchen oder **scones**, Rosinenbrötchen, die mit Butter, Konfitüre und **clotted cream** (cremigem Rahm) bestrichen werden.

Für besondere Anlässe: Restaurants

Wenn es nur darum geht, den Hunger zu stillen, gehen die Einheimischen eher ins Pub als in Restaurants. Letztere sind teuer; man besucht sie vor allem zusammen mit Freunden oder Geschäftspartnern und lässt es sich dann auch einiges kosten. Nicht nur in Hotelrestaurants wird man zuerst für einen Aperitif an die Bar gebeten. Dort legt der Kellner die Speisekarte vor und nimmt dann die Bestellung auf. Erst nach geraumer Zeit wird man zum Tisch geführt. Zum Abendessen kleiden sich die Insulaner gerne gut; ein Jackett ist in besseren Restaurants durchaus nicht fehl am Platz.

Ale & Co.: Getränke

Ziel aller Durstigen sind wie in Großbritannien die oft sehr stimmungsvollen Pubs. Auch Frauen ohne Männerbegleitung sind viel gesehene Gäste. Die Auswahl an Getränken ist enorm. Neben verschiedenen Biersorten vom Fass gibt es immer zahlreiche Flaschenbiere, **cider** (Apfelwein), offenen Wein, Spirituosen und diverse alkoholfreie Getränke. Pubs kommen grundsätzlich ohne Kellner aus: Man holt sich seine Getränke am Tresen und bezahlt sofort. Trinkgeld ist nicht üblich.

Essenszeiten

Die Frühstückszeiten sind in Guesthouses oft eng auf eine Stunde begrenzt; Mittagessen wird meist zwischen 12 und 14 Uhr serviert. Abendessen gibt es in Pubs meist nur zwischen 18 und 20 Uhr, in den Restaurants zwischen etwa 18.30 und 22.30 Uhr.

Öffnungszeiten der Pubs

Sie sind von Insel zu Insel unterschiedlich geregelt:
Alderney: Mo–Sa 10.30–24 Uhr (manche Pubs schließen von 14.30–17.30 Uhr), So 12–14 und 20–24 Uhr.
Guernsey: Mo–Sa 10–23.45, So 12–15.30 Uhr. Sonntagabends darf Alkohol nur zusammen mit einer Mahlzeit sowie lediglich an Hausgäste in einer Hotelbar ausgeschenkt werden.
Jersey: Mo–Sa 9–23, So 11–23 Uhr. Zum Leeren der Gläser werden in der Regel 20 Minuten **drinking-up time** gewährt.

Restaurants und Pubs sind bei den einzelnen Inseln im Kapitel »Sehenswerte Orte« beschrieben.

Preisklassen

Die Preise beziehen sich jeweils auf ein dreigängiges Menü für eine Person (inklusive Steuern).
★★★★ über 45 £
★★★ 30–45 £
★★ 20–30 £
★ 10–20 £
Tellergerichte in Pubs kosten meist 6 bis 9 £, Salate um 6 £, Sunday Lunches (Menüs) 10–18 £.

Essdolmetscher

A
apple: Apfel
asparagus: Spargel

B
bacon: durchwachsener Speck
baked: gebacken
baked beans: gebackene weiße Bohnen in Tomatensauce
basil: Basilikum
beef: Rindfleisch
– *olives:* Rindsrouladen
beer: Bier
beet root: rote Bete
biscuit: Keks
blackberries: Brombeeren
black currants: schwarze Johannisbeeren
braised: geschmort
bread: Brot
– *roll:* Brötchen
bream: Brasse
brill: Butt
Brussels sprouts: Rosenkohl

C
cabbage: Kohl
cake: Kuchen
carp: Karpfen
cauliflower: Blumenkohl
chanterelles: Pfifferlinge
cherries: Kirschen
chicken: Hühnchen
chilled: eisgekühlt
chips: Pommes frites
chop: Kotelett
cider: Apfelwein
clams: Muscheln
cockles: Herzmuscheln
cod: Kabeljau
corn on the cob: Maiskolben
crab (meat): Krebs(-fleisch)
cranberries: Preiselbeeren
cream (clotted): Sahne (dicke)
crispy: knusprig
cucumber: Salatgurke

D
deep fried: frittiert
Dover sole: Seezunge
draught beer: Bier vom Fass
duck, duckling: Ente
dumpling: Kloß

E
eel: Aal
egg: Ei
– *boiled egg:* gekochtes Ei
– *fried egg:* Spiegelei
– *poached egg:* pochiertes Ei
– *scrambled egg:* Rührei

F
fennel: Fenchel
filling: Füllung
fish: Fisch
– *stock:* Fischsud
French beans: grüne Bohnen
French fries: Pommes frites
fried: gebraten

G
game: Wild
gammon steak: Kassler-Steak
garlic: Knoblauch
gigot: Lammkeule
ginger: Ingwer
goat: Ziege
goose: Gans
gooseberries: Stachelbeeren
grapes: Trauben
gravy: Bratensoße
grilled: gegrillt

H
haddock: Schellfisch
hake: Seehecht
halibut: Heilbutt
haricot beans: weiße Bohnen
herbs: Kräuter
home-made: hausgemacht
horseradish: Meerrettich
hot: heiß, scharf

I
icecream: Speiseeis
ice cubes: Eiswürfel

J
jam: Marmelade
jellied: in Aspik
Jersey plaice: Jersey-Scholle

K
kidneys: Nierchen
kipper: geräucherter Hering

L
leek: Lauch, Porree
lemon: Zitrone
– sole: Limande, Echte Rotzunge
lentils: Linsen
lettuce: Kopfsalat
light: leicht
liver: Leber
lobster: Hummer
loin: Lendenstück

M
mackerel: Makrele
marinated: mariniert
marmelade: Marmelade aus Zitrusfrüchten (Orangen, Grapefruits, Zitronen, Limonen)
meat: Fleisch
– balls: Fleischbällchen
meringue: Baiser
minced meat: Hackfleisch
monkfish: Seeteufel
mushrooms: Pilze
mussels: Muscheln
mutton: Hammelfleisch

O
onions: Zwiebeln
oysters: Austern

P
pan fried: in der Pfanne gebraten
paté: Pastete
peach: Pfirsich
pear: Birne
peas: Erbsen
peppers: Paprikaschoten
pie: gefüllte Pastete (süß, pikant)
plaice: Scholle
plums: Pflaumen
pork: Schweinefleisch
potato: Kartoffel
pot roast: Schmorbraten
poultry: Geflügel
prawns: Krabben, Garnelen
preserve: Konfitüre
pub grub: warmes Tellergericht

Q
quail: Wachtel

R
rabbit: Kaninchen
raspberries: Himbeeren
raw: roh
red cabbage: Rotkohl
red currants: rote Johannisbeeren
rib: Rippchen
roast: gebraten, Braten
roll: Brötchen

S
saddle: Hochrücken
sausages: Würstchen
scallops: Jakobsmuscheln
scrambled eggs: Rühreier
seabass: Seebarsch
shandy: Radler, Alsterwasser
shellfish: Schalentiere
smoked: geräuchert
sole: Seezunge
soufflé: Auflauf
sparkling wine: Schaumwein
spinach: Spinat
spirits: Spirituosen
squid: Kalamares
steamed: gedämpft
stew: Ragout, Eintopf
stewed: geschmort
stout: dunkles Bier
strawberries: Erdbeeren
stuffed: gefüllt
suckling pig: Spanferkel
swordfish: Schwertfisch

T
thyme: Thymian
tongue: Zunge
trout: Forelle
turbot: Steinbutt
turkey: Truthahn

V
veal: Kalbfleisch
vegetable: Gemüse

W
whipped cream: Schlagsahne
wild boar: Wildschwein

Lieblich und bizarr, feenhaft, blütenbunt und felsig starr – die Landschaften der Kanalinseln faszinieren in ihrer von Meer und Wind täglich neu gezauberten Vielfalt.

Dramatische Steilküsten, romantische Buchten, grüne Täler und lauschige kleine Wälder kombiniert der kleine Bezirk St. Martin im Südosten von Guernsey (→ S. 39).

Eine stressfreie Insel, die dennoch Abwechslung bietet. Auf Alderney kann man schnell neue Bekannte finden, denn die Pubs sind Mittelpunkt des Lebens.

Alderney

2300 Einwohner
Karte → S. 91

Mit einer Länge von nur 5300 und einer Breite von 2400 Metern ist Alderney die drittgrößte Kanalinsel. Frankreichs Küste zeichnet sich deutlich am östlichen Horizont ab – der nächste französische Hafen, Cap de la Hague, liegt gerade 14 km entfernt. Daher ist Braye Harbour an der Nordküste ein beliebtes Ausflugsziel für französische Wochenendsegler. Die Inselbewohner leben überwiegend vom Tourismus; seit jüngster Zeit etablieren sich zudem Firmen des E-Commerce (unter anderem internationale Wettbüros). Nur noch ein Bauer hält Kühe, die die Molkerei mit Milch versorgen. Daraus werden unter anderem Cheddar-Käse und köstliches Vanilleeis hergestellt.

Alderney hat sein eigenes Parlament, das alle vier Wochen zusammentritt. Es gibt mehrere Banken, ein Krankenhaus, Schulen und Gotteshäuser fünf verschiedener Konfessionen. Mehr als 900 Gäste können in Hotels, Pensionen, Apartments und auf dem Campingplatz untergebracht werden.

Mehr als ein Dutzend trutziger **Forts** aus dem 18. und 19. Jh. säumen die Küste der Insel mit ihren sieben Stränden. Das bemerkenswerteste maritime Verteidigungsbauwerk ist die zwischen 1847 und 1872 entstandene, über 1400 m lange **Mole** von Braye Harbour. Nach den ursprünglichen Plänen sollte dieses Breakwater (der zweite »Arm« von der Braye Bay her wurde niemals gebaut) der britischen Flotte bei eventuellen Auseinandersetzungen mit Frankreich Schutz bieten.

Die Deutschen waren im Zweiten Weltkrieg ebenfalls aktiv. Tausende von Zwangsarbeitern mussten unzählige Bunker, Artilleriebastionen und Panzersperrmauern an den Buchten errichten. Militärhistoriker sind von den Verteidigungsbauten auf der Insel geradezu fasziniert.

Mit bedeutenden Sehenswürdigkeiten kann Alderney nicht aufwarten. Die Küstenszenerie ist weit weniger dramatisch als auf den großen Nachbarinseln oder auf Sark, aber die weißen Sandsicheln der Buchten und die im Wechsel der Gezeiten überfluteten Felsenmeere sind dennoch reizvoll. Immerhin drehte man einige Streifen des James-Bond-Films »Moonraker« an der bizarren Küste rund um Fort Clonque.

Das kleine urbane Highlight der Insel ist das Städtchen **St. Anne**, daneben machen ihre Bewohner die Insel so sympathisch. Die Pubs sind hier abends länger geöffnet als auf den anderen Inseln, und schnell kennt man viele Gesichter. Es ergeht einem bald wie den Einheimischen: Die fahren immer nur einhändig Auto, weil sie die zweite Hand zum Grüßen brauchen. Alderney ist unkompliziert – weswegen auch einige VIPs auf die Insel zogen. Elizabeth Beresford, die Erfinderin der flauschigen Wombles, ist nur eine von ihnen.

Alderneys Wahrzeichen: der 1912 erbaute Leuchtturm an der Nordküste.

St. Anne ■ b 2

Der einzige Ort auf einer Anhöhe im Innern der Insel hat den Charme eines beschaulichen, kleinen Landstädtchens, obwohl die meisten Gebäude noch keine 150 Jahre alt sind.

Hotels/andere Unterkünfte

Alderney Accomodation (Neal & Co.)
Vermietung vieler privater Apartments und Ferienhäuser.

La Brecque; Tel. 82 33 32, Fax 82 38 21; E-Mail: neal@alderney.net ★★/★★★

Belle Vue ■ b 2
Kleines Hotel in der Inselhauptstadt; guter Service; viel gelobte Küche.
Butes Road; Tel. 82 28 44, Fax 82 36 01; E-Mail: bellevue@alderney.net; 27 Zimmer ★★★ EURO VISA

Essex Lodge ■ c 2
Nichtraucher-Pension 2 km außerhalb der Stadt nahe dem Meer, ganzjährig geöffnet.
Longis Bay; Tel. 82 35 57; 5 Zimmer ★★

Farm Court
Geschmackvoll und künstlerisch gestaltete Nichtraucher-Pension (mit großer Ferienwohnung) in den Granitgebäuden eines alten Bauernhofs.
Mouriaux; Tel./Fax 82 20 75; www.farmcourt-alderney.co.uk; 6 Zimmer ★/★★ EURO VISA

L'Haras ■ b 2
Pension in einem schönen Neubauviertel, holländische Besitzer.
Newtown Rd.; Tel. 82 31 74; E-Mail: lharas@internet.alderney.gg; 5 Zimmer ★

Harbour Lights Hotel & Restaurant ■ b 2
Einfaches Hotel unweit Braye Harbour. Beliebtes Pub mit kleinem Innenhof; gut für Fischgerichte.
Newtown; Tel. 82 21 68, Fax 82 41 82; www.harbourlights.co.uk; 9 Zimmer ★★

Spaziergang

Um St. Anne zu erkunden, braucht man ohne Innenbesichtigungen nicht länger als 20 Minuten. Beginnt man am unteren Ende der **Victoria Street**, passiert man das Postamt, das kleine Kino und den Friedhof rund um **St. Anne's Church** mit vielen alten Grabsteinen. Das anglikanische Gotteshaus wurde erst 1850 geweiht. Besonders schön sind die drei modernen Glasfenster der Westwand. Biegt man in die erste Straße hinter dem Kirchhof rechts ein, kommt man zu den **States Offices** (Court House) mit dem Sitzungssaal des Inselparlaments im Obergeschoss. Der größte weltliche Bau im Städtchen ist die **Island Hall** am nahen Royal Connaught Square, in der die meisten kulturellen Veranstaltungen stattfinden und man sogar Bowling spielen kann. Folgt man dann der High Street, gelangt man zum **Alderney Museum** mit seiner bunt zusammengewürfelten Ausstellung zur Vergangenheit der Insel.

Museum

Alderney Museum
Gemessen an der Tatsache, dass das Museum nur von ehrenamtlichen Mitarbeitern betreut wird, erlebt man hier eine interessante (wenngleich nicht hypermoderne) Präsentation zur Inselgeschichte. Sie beleuchtet das Dunkel der prähistorischen Zeit und reicht bis in die Gegenwart. Bemerkenswert sind die Funde eines gesunkenen Schiffes der elisabethanischen Zeit. Tageweise zeigen die Konservatoren ihre Arbeit in einem Lagerschuppen (neben der Channel Jumper Factory) in Braye Harbour. Auf die Tafel »Wrack open« achten!
High St.; Mo–Fr 10–12 Uhr, Juni–Aug. Mo–Fr auch 14–16 sowie Sa, So 10–12 Uhr

Essen und Trinken

The Albert House ■ b 2
Großes, sehr populäres Pub, vor allem am Freitag und am Wochenende abends. Täglich [illegible]
Victoria St.; tgl. 10– 0.30/1 Uhr ★

The Divers ■ b 1
Traditionsreiches, sehr einfaches Pub mit maritimer Atmosphäre; Treffpunkt von Fischern und Seglern.
Braye St., am Hafen; Mo–Sa 11–14.30 und 17–24, So 12–14 Uhr ★

First & Last Restaurant ■ b 1
Sehr beliebtes Restaurant mit Hafenblick, spezialisiert auf Fisch und Meeresfrüchte. Kommt man von der Mole, ist es das erste Haus auf der Insel – daher der Name.
Braye Harbour; Tel. 82 31 62; Dinner Di–So 18.30–21.30 Uhr ★★

Gannets Bistro ■ b 2
Nettes kleines Tagescafé mit kleinen Gerichten zu Mittag.
Victoria Street (unteres Ende); Mo–Sa ★

The Moorings Terrace Bar ■ b 1
Einfache Bar sowie Restaurant mit Terrasse an der Braye Bay. Auch mexikanische Spezialitäten.
Braye Beach; Tel. 82 24 21; Bar 11–1 Uhr, Lunch 12–15, Dinner 18.30–22 Uhr ★

The Old Barn M ■ b 2
Ein sympathisches Restaurant mit einem hinreißend schönen Garten. An einem sehr appetitlichen Buffet findet man feine Speisen für ein Fünf-Gänge-Menü (kein Fisch). Der Braten wird nach Wunsch der Gäste frisch geschnitten (**carvery**).
Longis Bay Road; Tel. 82 25 37; tgl. 12–14/15 Uhr ★/★★

Rose & Crown (Pub & Hotel)
Beliebtes Pub mit windgeschütztem Biergarten.
Le Huret; Tel. 82 26 00; tgl. geöffnet ★

Einkaufen

The Alderney Post Office ■ b 2
Im Postamt gibt es ein breites Angebot an Sammlerbriefmarken – sogar mit »Wombles«-Motiven – von Alderney und den anderen Inseln. Auch Münzen.
55 Victoria St.; www.alderney.gov.gg (Seite »Coins/Philately«)

Arte Fina ■ b 2
Kleine Galerie, in der hauptsächlich Aquarelle mit Alderney-Motiven verkauft werden; auch internationales Wohndesign.
Victoria St./Ecke High St.; Mo–Sa 10.30–13 und 16–18 Uhr

Channel Jumper Factory ■ b 1
Die große Strickwarenfabrik am Braye Harbour, in der die robusten Guernsey-Pullover hergestellt werden, kann wochentags besichtigt werden.
Braye Harbour; Mo–Fr 9–15 Uhr, der Laden ist auch Sa geöffnet; www.jumper.guernsey.gg

Rose & Crown
Der beste Getränkeladen (vor allem für Alkoholisches dutyfree), um sich für ein Picknick zu versorgen.
Le Huret; neben dem Pub (Durchgang)

Victoria Antiques ■ b 2
Silberwaren aus viktorianischen Zeiten, dazu Schmuck und Porzellan.
Victoria St.

! MERIAN-Tipp

The Georgian House Das Stadthaus im georgianischen Stil beherbergt eines der gepflegtesten Pubs und schönsten Restaurants der Insel (2002 restauriert). Im Garten hinter dem Haus, treffend »The Garden Beyond« genannt, kann man nicht nur mittags hervorragend essen. Steak-Sandwiches stehen hier ebenso auf der Karte wie Fisch und Meeresfrüchte (Victoria Street, St. Anne; Tel. 82 24 71; Pub 10–14.30 und 17.30–24 Uhr; Lunch 12–14.30, Dinner 18–22 Uhr; telefonische Reservierung auch für mittags empfehlenswert ★★). ■ b 2

Am Abend

Abgesehen von Diskoabenden im Hotel Belle Vue oder in der Island Hall bietet Alderney vor allem im **Albert House** in der Victoria Street ausgelassenen Rummel. Manchmal entsteht dort spontan die Idee zu einer mitternächtlichen **bunker party** – und dann heißt es den Einheimischen in einen der Bunker folgen.

Service

Auskunft ■ b 2
Tourism Information Centre
Victoria St.; Tel. 82 37 37, Fax 82 24 36; für Unterkunftsreservierung: Tel. 82 42 42; E-Mail: tourism@alderney.net, www.alderney.gov.gg; Mo–Sa 9.30–12 Uhr, Juli und Aug. auch Mo–Sa 14–17 Uhr

Alderney Wildlife Trust Ltd
Im Info-Büro. Veranstaltet Küstenwanderungen und Vogelbeobachtungstouren, u. a. per Boot nach Burhou und Les Etacs.
E-Mail: alderneywildlifetrust@alderney.ws

Inselbähnchen ■ bc 1
Der einzige noch vorhandene Schienenstrang auf den Kanalinseln führt vom **Hafen** in den Granitsteinbruch **Mannez Quarry**. Er stammt aus dem Jahr 1847. Damals wurde er für den Transport der Granitblöcke beim Bau der Mole an der Braye Bay verlegt. Heute zieht hier jeden Samstag- und Sonntagnachmittag zwischen Ostern und Ende September eine kleine Diesellok zwei alte, rote Waggons der Londoner U-Bahn über die Schienen.

Camping
Saye Camp Site ■ c 1
Ein großzügiger Platz direkt am Meer; Vermietung von Zelten.
Saye Bay; Info über Chris Langley; Tel. 82 25 56, Fax 82 24 36; E-Mail: tourism@alderney.net; www.alderney.gov.gg

Burhou Island ■ a 2

Die Insel westlich von Alderney ist ein Vogelschutzgebiet, in dem Papageitaucher brüten. Das Betreten ist nur Ornithologen gestattet.
Bootstouren mit Alderney Wildlife Trust

Les Etacs ■ a 2

5

300 m von der Küste entfernt sind dem westlichsten Punkt der Insel zwei Felsen vorgelagert. Tausende von Basstölpeln nisten auf ihnen und haben die Felsen weiß gefärbt. Die Luft ist von ihren Schreien erfüllt. Mit einem starken Fernglas kann man die Tiere recht gut beobachten. Näher heran kommt man nur während der Inselrundfahrten per Boot, die im Sommer bei ruhiger See regelmäßig angeboten werden.
Auskünfte beim Alderney Wildlife Trust

Essex Castle ■ c 2

Das ursprünglich elisabethanische Fort hoch über den Klippen der Südküste war bis Ende des 19. Jh. bemannt. Wie die übrigen Forts entstand es zwischen 1847 und 1855 unter der Leitung des Militärarchitekten F. W. D. Jervois neu. Bevorzugt verlieh er seinen Bauten einen Hauch mittelalterlicher Trutzigkeit.
Privatbesitz; keine Innenbesichtigung

Fort Albert ■ b 1

Das verfallene Fort ist das größte der Insel. Es stammt aus dem19. Jh. und ist nach dem Prinzgemahl der Königin Victoria benannt. Die Auffahrt ist wegen des Blicks auf die Braye-Bucht und den Hafen lohnenswert.
Frei zugänglich

Lighthouse ■ c 1

Der 32 m hohe Leuchtturm wurde 1912 erbaut, aber erst 1976 elektri-

fiziert und 1997 automatisiert. Das Licht der 400 Watt starken Glühbirne wird durch Linsen so verstärkt, dass es noch in 28 Seemeilen Entfernung zu sehen ist. Ein mächtiges Nebelhorn tritt bei schlechter Sicht in Aktion. Dieser Leuchtturm ist überaus bedeutend, da in der Meerespassage zwischen Alderney und Frankreich, genannt **The Race**, einer der stärksten Gezeitenströme Europas sowie der felsige Untergrund hohe Gefahren für die Schifffahrt darstellen.
Quésnard Point; Führungen am Wochenende nachmittags, wenn das Inselbähnchen fährt; weitere Infos im Touristenbüro

Longis Bay ■ c 2

Der Strand im Nordosten der Insel wird von einer 500 m langen Panzerabwehrmauer aus Beton gesäumt, die die Deutschen während des Zweiten Weltkriegs von ausländischen Zwangsarbeitern errichten ließen.

Von hier kann man bei Ebbe zur **Ile de Raz** mit einer Festung von 1854 (in Privatbesitz) laufen. Nach Süden genießt man einen schönen Blick auf die bizarren **Hanging Rocks**.

The Nunnery ■ c 2

Am Südrand der Longis Bay ragen altertümliche, aber nicht exakt zu datierende Mauern wie eine kleine Festung auf. Der Volksmund nennt sie »Frauenkloster«, denn nach Erzählungen befand sich hier während der napoleonischen Kriege ein Bordell. Die Archäologen streiten darum, ob an dieser Stelle ein römisches Kastell gestanden hat oder zumindest eine normannische Festung.
Privatbesitz; von der Straße aus zu sehen

War Memorial ■ c 1

Das auf Initiative der Familie Hammod 1966 errichtete Denkmal an der Straße zur Corblets Bay erinnert mit Marmortafeln in sechs Sprachen an die Zwangsarbeiter, die auf Alderney während des Zweiten Weltkriegs beim Bau der Bunker und Panzersperren zu Tode geschunden wurden.

Die knallrote Alderney Railway befördert ihre Passagiere in ausrangierten Londoner U-Bahn-Waggons.

Maritimes Flair verströmt nicht allein St. Peter Port, das Tor zur Exilheimat des berühmten Victor Hugo, der Guernseys Wesen einmal treffend als streng und dennoch sanft beschrieb.

Guernsey

59 800 Einwohner
Karte → S. 116/117

Guernsey ist ein selbstständiger Staat, Finanzwirtschaft und Tourismus sind die wichtigsten Einnahmequellen. Der Einkommensteuersatz ist wie überall auf den Kanalinseln extrem niedrig und liegt generell bei 20 Prozent. Trotz der geringen Steuersätze ist Guernseys Staatshaushalt kerngesund: Man erhält keinerlei Zuschüsse aus London.

Milchproduktion und Blumenzucht prägen die Landwirtschaft. Herrliche Sandstrände, grandiose Steilküsten, grüne Täler, schmale Landstraßen und abwechslungsreiche Klippenpfade sind Naturschönheiten, die im Mittelpunkt der vielfältigen Urlaubsaktivitäten stehen.

Guernsey ist konservativer als Jersey. Jeder Urlauber erfährt das immer wieder sonntags. Die Freikirchen haben hier noch so viel Einfluss, dass am »Tag des Herrn« Pubs und Diskotheken abends geschlossen bleiben. Fällt Silvester auf einen Sonntag, feiern viele Insulaner den Jahreswechsel daher bereits am Vorabend. Da auch Benzin Alkohol enthält, waschen und reparieren die Tankstellen sonntags zwar Autos, verkaufen Zeitungen und Süßigkeiten, aber keinen Treibstoff oder Motoröl – nicht einmal in Notfällen.

Hafenatmosphäre wie aus dem Bilderbuch: Segel- und Fischerboote vor der malerischen Inselhauptstadt St. Peter Port.

Auf Guernsey achtet der Staat darauf, dass die Einheimischen nicht durch den Zustrom reicher Ausländer aus Großbritannien und anderen Teilen der Welt benachteiligt werden. Der Häusermarkt ist geteilt. Etwa 2000 Häuser werden auf dem **open market** zu exorbitanten Preisen an jedermann verkauft oder vermietet. Einige von ihnen stehen in Fort George, das als Wohngebiet für Millionäre entwickelt wurde. Daneben gibt es einen **local market** mit preiswerten Häusern und Apartments, der nur Einheimischen zugänglich ist.

Guernsey Tom: Tomaten höchster Güte

Besonders aus der Luft fällt auf, dass Guernsey abseits der Küste mit Gewächshäusern ähnlich dicht bedeckt ist wie manche Teile der Niederlande. Bevor Großbritanniens Eintritt in die Europäische Union den Inselbauern die Preise verdarb, wurden darin vor allem Tomaten gezogen. So wie die kleine Kartoffelsorte **Jersey Royals** ein typisches und in England sehr beliebtes Produkt der Nachbarinsel ist, war und ist **Guernsey Tom** der Inbegriff bester Qualitätstomaten, auch wenn die Produktion stark zurückging und weitgehend von der Blumenzucht (z. B. Clematis) abgelöst wurde.

Seglerparadies

Von wirtschaftlicher Bedeutung für **Guernsey** sind auch die vielen Segler, vor allem aus Frankreich, die die Marinas von St. Peter Port anlaufen. 1400 Liegeplätze verwandeln die Jachthäfen in einen dichten Mastenwald. Aber auch die Fischer finden im Hafen noch Platz: Krebse und Hummer stammen aus lokalen Fanggründen. Sie sind so reichhaltig, dass die Krustentiere sogar nach Frankreich exportiert werden können.

Inselhauptstadt mit Atmosphäre

Der viel stärker als in St. Helier in die Stadt integrierte Hafen ist das große Plus der charmanten Inselhauptstadt **St. Peter Port**. Zusätzlichen Reiz gewinnt sie durch ihre steilen Anhöhen und Täler, an denen die Häuser malerisch hinaufklettern. Eben ist eigentlich nur die Hafenpromenade. Sollte man die Unterschiede zwischen beiden Hauptinseln auf einen Nenner bringen, könnte man wohl mit Fug und Recht behaupten: Jersey bietet die abwechslungsreichere Landschaft; Guernsey hat die stimmungsvollere Stadt.

St. Peter Port

■ E 3, S. 117

Stadtplan → S. 33

In der schönsten Stadt der Channel Islands leben etwa 17 000 Einwohner – fast ein Drittel der Bevölkerung Guernseys. Die vielen alten Wohnhäuser aus dem 18. und 19. Jh. geben St. Peter Port ein beschauliches Gepräge; der Ort wirkt weit weniger hektisch als St. Helier auf Jersey.

Die lang gestreckte Uferstraße säumt den weitläufigen Hafen mit seinen auch bei Ebbe nie trocken fallenden Bereichen für Jachten, Sportboote und die Fischkutter. Aber der Uferstreifen, der dem Meer abgerungen wurde, ist nur schmal; hinter der lebhaften Promenade steigt das Land steil an. So staffeln sich die Häuser der Stadt übereinander, werden Ober- und Unterstadt durch gewundene Gassen und schier unendliche, mitunter unheimlich wirkende Treppenfluchten miteinander verbunden.

Die geschäftige Altstadt durchziehen eine Reihe von Fußgängerzonen. Bedeutende Monumente, die man unbedingt besichtigen müsste, aber fehlen. So kann man sich – abgesehen von Museumsbesuchen und einem Abstecher zum Haus von Victor Hugo – ganz dem Bummeln widmen.

Hotels/andere Unterkünfte

Les Cotils Christian Centre ■ a 1
Ruhig auf einer Anhöhe gelegenes Guesthouse in einem historischen Gebäude mit Meerblick. Sehr freundlicher Service. Park, Familienzimmer.
Les Cotils; Tel. 72 25 24, Fax 71 53 98; E-Mail: lescotils@aol.com; 30 Zimmer
★/★★ EURO VISA

Grisnoir Guest House
westlich ■ a 2
Nette Pension mit persönlicher Atmosphäre an einer belebten Straße (5 ruhige Zimmer zum Garten), etwa 10 Min. ins Zentrum, 20 Min. zurück. Für seine Gäste tischt Inhaber Roger Goodlass, ein gelernter Koch, abends feine Gerichte auf. Kleine Bar.
Le Gravees; Tel. 72 72 67, Fax 73 06 61; E-Mail: goodlass@gtonline.net; 10 Zimmer
★ keine Kreditkarten

Ilex Lodge westlich ■ a 1
Apartments für Selbstversorger in der Rue Maurepas am Nordwestrand der Stadt, unweit Beau Séjour Leisure Centre. Mit Pool, ideal für Familien.
Buchung: Del Mar Court; Le Varclin; St. Martin's; Tel. 23 74 91, Fax 23 95 49; www.selfcatering.co.gg; 10 Apartments
★★ EURO VISA

The Pandora Hotel ■ a 3
Wo in der Nachbarschaft Victor Hugo wohnte, erlebt man hier das Flair eines älteren Hauses mit einem wunderschönen Garten. Bar, Restaurant.
52–54 Hauteville; Tel. 72 09 71, Fax 71 43 12; E-Mail: pandora@gtonline.net; 55 Zimmer ★★ EURO VISA

St. Pierre Park westlich ■ a 2
Das beste Hotel der Insel, ruhig am Stadtrand im eigenen Park gelegen. 9-Loch-Privatgolfplatz, Tennisplätze, Hallenbad, Sauna, Fitnesscenter.
Rohais; Tel. 72 82 82, Fax 71 20 41; www.stpierrepark.co.uk; 131 Zimmer
★★★★ AmEx DINERS EURO VISA

Spaziergang

Der Spaziergang beginnt am **St. Julian's Pier**, wo u. a. die Fähren von Jersey und Sark ankommen. Die auch abends belebten Fußgängerstraßen **Le Pollet** und **High Street** sind ebenso wie die Gasse der **Commercial Arcade** von einem bunten Mix netter Geschäfte sowie von Lokalen aller Art gesäumt.

Die **Town Church**, St. Peter geweiht, lohnt als älteste Kirche der Stadt einen kurzen Blick. Ihr gegenüber liegt die bedeutendste Sehenswürdigkeit des Städtchens: ein Konglomerat verschiedener **Markthallen**. Sie entstanden zwischen 1780 und 1879. Hier werden Blumen, Gemüse, Fleisch, Käse und vor allem ungeheuere Mengen an Fisch und Schalentieren angeboten. Hummer und Krebse werden direkt an den Ständen gekocht und können so gleich für ein Picknick erstanden werden.

Die **Market Street** geht in die **Mill Street** und **Mansell Street** über, die durch den ältesten Teil der Stadt bis zum **Trinity Square** führt. In dieser Gegend gibt es etliche Antiquitätengeschäfte, sogar einen Tätowierungssalon und einige Restaurants. Victor Hugo, ein passionierter Sammler altertümlicher Dinge, streifte hier schon durch die Lädchen.

Nördlich des Trinity Square klettern steile Straßen in die **Clifton** genannte Neustadt mit Häusern aus dem 19. Jh. hinauf. Postfans müssten dort eigentlich einen Abstecher über die George Street in die Union Street zum **ältesten Briefkasten** nicht nur der Kanalinseln, sondern aller Besitzungen der englischen Krone machen. Er wurde 1853 aufgestellt.

In ein bürgerliches Viertel hoch über dem Hafen führt vom Südende des Trinity Square die Pedvin Street. Auf Nummer 8 wohnte einst eine von Victor Hugos Geliebten. Bekannter allerdings ist weiter hügelaufwärts die Straße **Hauteville.** Als erste feste Bleibe im Exil auf Guernsey mietete der Literat das Haus Nr. 20 (später kaufte er es für seine langjährige Geliebte Juliette Drouet). 1856 bis 1870 war er Hausherr von Nr. 38, dem sehenswerten **Hauteville House,** das in seiner fantasievollen Ausstattung den Menschen Victor Hugo spiegelt. Wenige Schritte danach öffnet sich links ein eisernes Tor zur Gasse mit dem Haus **La Fallue,** was im normannischen Patois »Galette« (eine Art Küchlein) bedeutet. Glücklich, ihren Victor vom Fenster aus sehen zu können, lebte dort lange Juliette Drouet.

Durch die Havelet Street geht es steil hinunter zur gleichnamigen Bay. Abermals folgt man Hugos Spuren, der hierher bevorzugt zum Schwimmen kam. Die Szenerie mit dem Blick auf Castel Cornet ist herrlich, erfrischend das Bad in den bereits um 1860 angelegten Badepools (keine Eintrittsgebühr) am Fuß der Felsen.

Dauer: ca. 2 Stunden ohne Besichtigung.

Sehenswertes

Castle Cornet ■ c 3

Die bedeutendste Festung der Insel ist seit dem 19. Jh. über eine fast 800 m lange Mole mit St. Peter Port verbunden. Ursprünglich war sie nur bei Ebbe erreichbar. Ihre Ursprünge liegen bereits im Jahr 1206. Ihr heu-

tiges Aussehen verdankt sie umfangreichen Änderungen im 17. und 18. Jh. sowie im Zweiten Weltkrieg.

Die zahlreichen Bauten bieten einer Reihe unterschiedlicher Ausstellungen geschichtsträchtigen Raum. In der **Hauptwache** am Eingang ist der Werdegang der Burg dargestellt. In der **Kaserne für verheiratete Soldaten** sieht man, wie die Männer mit ihren Ehefrauen im 18. und 19. Jh. gemeinsam mit unverheirateten Soldaten in den gleichen Räumen lebten. In der **Hatton Gallery** sind Porträts von Persönlichkeiten aus der Inselgeschichte ausgestellt. Die lokale Militärgeschichte wird mit zwei weiteren Sammlungen – **The 201 Squadron RAF Museum, Militia Museum** – beleuchtet. Im **Seefahrtsmuseum (Maritime Museum)** sieht man römische Amphoren und viele Schiffsmodelle, eine alte Dekompressionskammer für Taucher und Dokumente aus der Zeit der napoleonischen Kriege.

Im Schutz der Burgmauern liegen kleine Gärten. Der Burghof dient im Sommer als **Freilichttheater**.

Besucht man Castle Cornet um die Mittagszeit, sollte man Punkt 12 Uhr auf einen Böllerschuss vorbereitet sein, der täglich aus einer Kanone, der **noon day gun**, abgefeuert wird.
Castle Pier; April–Okt. tgl. 10–17 Uhr

Hauteville House
Victor Hugo's House ■ ab 3
Das stattliche Haus, in dem der aus Frankreich verbannte französische
10 Schriftsteller zwischen 1856 und 1870 lebte, schenkten seine Erben 1927 der Stadt Paris. Sie entsendet alljährlich Studenten, die die Führungen übernehmen. In dem höchst individuell eingerichteten Haus ist alles weitgehend so belassen, wie es zu Victor Hugos Zeiten war.
38 Hauteville; Führungen (auch in Deutsch) April–Sept. Mo–Sa 10–11.45 und 14–16.45 Uhr, im Juli/August keine Mittagspause, Garten länger zugänglich

Victorian Shop & Parlour National Trust Centre ■ b 2–3
Im ältesten vollständig und unverändert erhaltenen Stadthaus (erbaut 1680) von St. Peter Port hat der National Trust von Guernsey seinen Sitz. Im Erdgeschoss sind ein Süßwarenladen und ein Salon aus der Zeit um 1900 rekonstruiert; im Keller können Produkte örtlicher Handwerker und Bauern erworben werden.
26 Cornet St.; Ostern–Mitte Okt. Di–Do, Sa 10–16 Uhr

Museen

Guernsey Museum ■ a 1
Das moderne, pädagogisch sehr gut aufgebaute Museum sollte man zu Beginn eines Guernsey-Aufenthaltes besuchen. Es informiert kurz und prägnant über die Inselgeschichte, Sehenswürdigkeiten und Lebensumstände der Bevölkerung. Vom nostalgischen Teepavillon, wo einst Kapellen aufspielten, schweift der Blick über den Park und die Statue Victor Hugos (1914) hinunter zum Hafen.
Candie Gardens; Mai–Sept. tgl. 10–17, sonst 10–16 Uhr; guter Buchladen

Guernsey Postal Museum ■ b 2
Kleine Ausstellung zur Geschichte des örtlichen Postwesens und eine vollständige Sammlung aller Guernsey-Briefmarken.
Smith St.; Mo–Fr 9–16.30, Sa 9–12 Uhr

La Valette Military Underground Museum ■ bc 3
Militärmuseum in einem von Zwangsarbeitern für die deutschen Besatzer gegrabenen Tunnelsystem. Es diente als Treibstofflager für U-Boote; einer der Originaltanks ist erhalten. Ausgestellt werden nicht nur Fahrzeuge und Militaria aus der Besatzungszeit während des Zweiten Weltkriegs, sondern auch aus dem Ersten Weltkrieg.
Havelette Bay, La Valette; Mitte Feb. bis Mitte Nov. 10–17 Uhr

Oben: Beim Shopping in der Commercial Arcade von St. Peter Port sind Spaziergänger unter sich.

Mitte: Die St. Peter Port vorgelagerte Festung Castle Cornet war 600 Jahre lang, bis 1859, eine Insel und ist nur über einen Pier erreichbar (→ S. 33).

Unten: Übersät von Muscheln und Porzellan, ist die Little Chapel sozusagen der größte »Scherbenhaufen« der Insel – allerdings ein ausgesprochen hübscher (→ MERIAN-Tipp, S. 39).

Essen und Trinken

Christie's M ■ b 2
Mit kleinen Mahlzeiten erfrischt das Bistro nicht nur Shopping-Gestresste. Im angeschlossenen Restaurant mit Blick auf den Hafen werden aufwendige Menüs serviert. Abends auch Livemusik.
Le Pollet; Tel. 72 74 44; tgl. ab 9 Uhr; Bistro, Lunch: ★; Restaurant: ★★

Le Nautique MM ■ b 2
Französisches Restaurant der Spitzenklasse. Mit Blick auf die Marina genießt man vor allem Fischspezialitäten und Hummer.
Quay Steps; Tel. 72 17 14; Mo–Sa 12–14 und 19–22 Uhr ★★★

Taylors Bar & Brasserie ■ b 2
Hier schmeckt englische Küche – und dies nicht nur zum Frühstück. Guter Fisch, reelle Preise.
Commercial Arcade.; Tel. 72 52 22; Mo–Do 8.30–21, Fr und Sa bis 22, So 12–21 Uhr ★★

The Cod Whopper ■ a 3
Die Institution für Fish'n'chips.
Trinity Sq.; Tel. 72 501 50; Mo 16.30–21, Di–Sa 12–14 und 16.30–21 Uhr ★

Ship & Crown Bar ■ b 2
Maritim eingerichtetes Pub an der Hafenpromenade. Preiswertes Mittagessen bei schnellem Service.
The Quay; Tel. 72 13 68; Lunch tgl. 11–15 Uhr ★

Einkaufen

Passionierte Einkaufsbummler kommen auf Guernsey voll auf ihre Kosten: verführerische Angebote, fehlende Mehrwertsteuer... Preisvergleiche lohnen sich dennoch!

Channel Islands Galleries ■ a 3
Hier kann man nach antiquarischen Büchern, historischen Stichen und Seekarten sowie alten Aquarellen stöbern; alle überwiegend mit Bezug zu den Kanalinseln.
Trinity Sq.; Mo–Sa 10–12.30 und 14–16, Do nur 10–12.30 Uhr

Guernsey Toys ■ a 3
Das Geschäft für die Kleinen bzw. die passenden Geschenke. Hier kann man auf die Pullis der bekannten Guernsey-Teddybären die Namen der Kinder sticken lassen.
25–27 Victoria Road; Mo–Fr 9.30–17 Uhr

Philatelic Bureau ■ b 2
Das Postamt in der Smith Street bietet die beste Auswahl aller von der Guernsey Post herausgegebenen Briefmarken und Ersttagsbriefe, aber auch druckfrische Münzen und Banknoten.
Smith St.; Mo–Fr 8.30–17, Sa 8.30–12 Uhr; Aktuelles für Philatelisten im Internet: http://post-office.guernsey.net

Sheep's Clothing ■ b 1
Die kräftigen Guernsey-Pullover aus geölter Wolle (und zwar nicht nur im klassischen Marineblau) sind ideal für die windigen Inseln, doch im Laden findet man auch andere Freizeitmode.
8 Le Pollet; Mo–Sa 9–17 Uhr

St. James's Gallery ■ b 2
Beeindruckende Auswahl an Antiquitäten – vom Möbelstück bis zum Tafelsilber, von Porzellan bis zur Tischwäsche.
18–20 Smith St.; Mo–Fr 8.30–17, Sa 9–12 Uhr

Wochenmarkt
→ MERIAN-Tipp, S. 103

Am Abend

The Golden Monkey ■ b 1
Die beste Diskothek der Insel; immer gut besucht.
Lower Pollet; Mo–Sa ab 21.30 Uhr

Service

Auskunft

Guernsey Tourist Board ■ b 2
North Esplanade, nahe Victoria Pier; Tel. 72 35 52, Fax 71 49 51; Unterkunft/ Reservierungen: Tel. 72 35 55; E-Mail: enquiries@guernseytouristboard.com; www.guernseytouristboard.com

Aurigny Air Services
Tel. 82 28 86; Fax 82 33 44; E-Mail: res@aurigny.com; www.aurigny.com

Island Coachways ■ b 3
Auskünfte und Fahrkartenverkauf: Picquet House, am Busterminal; Tel. 72 02 10; Fahrplan im Internet: www.gov.gg/traffic

Castel ■ C 2, S. 116

Der auch Catel genannte Pfarrbezirk im zentralen Norden der Insel rühmt sich der schönsten Sonnenuntergänge an der Küste. Saumarez Park im Binnenland ist das größte Ausstellungsgelände der Insel und ihr größter Park. Südlich davon durchfließt der Talbot ein bezauberndes Tal. Wie durch einen grünen Tunnel windet sich die Straße meerwärts.

Hotels/andere Unterkünfte

Cobo Bay Hotel ■ C 2, S. 116
Modern gestaltetes Hotel an der Küstenstraße; im Abendlicht gewinnt Cobo Bay besonderen Reiz. Sauna, Whirlpool, Restaurant, zwei Bars.
Cobo; Tel. 25 71 02, Fax 25 45 42; www.cobobayhotel.com; 36 Zimmer; ★★/★★★ EURO VISA

Hotel Fleur du Jardin ■ C 3, S. 116
Liebenswerte Mischung romantischer Ausstattung, feiner Küche und derber Granitmauern.
Kings Mill; Tel. 25 79 96, Fax 25 68 37; www.fleurdujardin.guernsey.net; 18 Zimmer ★★★ EURO VISA

Sehenswertes

Ste. Marie du Castel ■ D 3, S. 117
Die Pfarrkirche aus dem 12. Jh. steht an der Stelle einer früheren kleinen Burg auf einer Anhöhe. Ihr besonderer Schatz sind drei insgesamt 12 m lange Wandmalereien (13. Jh.). Man erkennt das Letzte Abendmahl, einen Baum, drei Ritter mit Jagdfalken, drei Skelette und einen Mönch. Vor der Kirche steht ein neolithischer Menhir.
An der Kreuzung der Straßen Les Rohas de Haut und La Rue du Presbytère; Bus 5A; unregelmäßig geöffnet

Museen

Folk Museum Saumarez Park ■ D 2, S. 117
Sehr anschaulich gestaltete Ausstellung (auch mit deutschsprachigen Erklärungen) über das Leben,

! MERIAN-Tipp

Library Bar Kein Ort für Bücherwürmer, sondern ein urgemütliches Pub, dessen schmackhafte und dazu preiswerte Tagesgerichte viele Einheimische sowohl mittags als auch abends schätzen. Wer die »carvery« wählt, darf sich Fleisch und Zutaten selbst an der Theke aussuchen. Manch einer wirft einen Blick in eines der alten Bücher aus dem großen Regal, andere sitzen über einem Bier in ihre Zeitung vertieft – unbeeindruckt von den lauten Gesprächen, die vom Tresen her durch den Raum ziehen (St. Peter Port, Le Pollet, neben Moores Hotel; Tel. 72 44 52; Bar 10.30–23.30, So 11–21.30 Uhr, Essen 12–14 und 18.30–21.30 Uhr ★). ■ b 1

Wohnen und Arbeiten auf Guernsey in früheren Zeiten. Zu sehen sind u. a. eine alte Apfelweinpresse, ein Pferdebus, Geräte aus der Fischerei, aber auch ein Staubsauger von 1905. Mit lebensgroßen Puppen sind in historischen Wohnräumen Situationen nachgestellt und interessant erklärt.
Saumarez Park, ideal für Kinder zum Spielen und Toben; Mitte März–Okt. tgl. 10–17.30 Uhr; Bus 2 und 3

Telephone Museum ■ D 2, S. 117
Das kleine, von Liebhabern betriebene Museum zeigt alte Telefone und Fernschreiber sowie andere technische Einrichtungen, die damit zusammenhängen. Spaß macht es, die Geräte auch auszuprobieren.
Cobo Rd.; April–Sept. Mo–Sa 14–17 Uhr; Eintritt frei; Bus 2 und 3

Forest ■ C 4, S. 116

Wie der Name schon andeutet, gibt es in diesem Pfarrbezirk im Süden idyllische Wäldchen. Durch eines führen die Zufahrtsstraßen zur Petit Bôt Bay, einem der schönsten Inselstrände. Blattkronen verdunkeln ebenfalls die Straße durch das Dorf und die Gegend Le Variouf, was im altnormannischen Patois »Werwolf« bedeutet. Man glaubte, dass hier einst merkwürdige Gestalten ihr Unwesen trieben.

Unterkunft

Les Meriennes M ■ D 4, S. 117
Hübsch eingerichtete Apartments in einer alten, aus Granit gebauten Scheune nahe der Küste; Garten.
Le Bigard; Tel. 26 32 62, Fax 26 68 22; 2 Apartments für je 2 Pers. ★

Sehenswertes

German Occupation Museum
■ C 4, S. 116
Eindrucksvolle Ausstellung, die ohne Effekthascherei die Zeit der deutschen Besatzung dokumentiert. Interessant sind u. a. die Inselkarten aus der Besatzungszeit, auf der die einheimischen Ortsnamen ins Deutsche übersetzt wurden: Aus St. Peter Port wurde so Petershafen, aus St. Martin Martinshausen ...
Hinter Forest Parish Church; tgl. 10–16.30 Uhr; Bus 7

Petit Bôt Bay ■ D 4, S. 117
Die feinsandige Badebucht liegt am unteren Ende eines der reizvollsten Bachtäler der Insel. Strandcafé in einem ehemaligen Mühlengebäude.
Bus 4 und 7/7A, Spaziergang (ca. 15 Min.) ab Haltestelle Le Chêne Le Bourg

Essen und Trinken

The Hollows ■ D 4, S. 117
Nicht nur auf einer Wanderung ein netter Stopp, um auf der Terrasse über der dramatischen Küste zur Abwechslung mal griechisch zu essen.
Le Gouffre; tgl. ab 10 Uhr; Tel. 26 41 21
★★

St. Andrew ■ D 3, S. 117

Zwei der bekanntesten Sehenswürdigkeiten, Little Chapel und das German Underground Hospital, liegen im grünen Herzen von Guernsey. Die vielen engen Country Roads erinnern an ein Labyrinth – und verlocken daher umso mehr, sie zu erkunden.

Museum

German Underground Hospital
■ D 3, S. 117
Anders als auf Jersey hat man das deutsche unterirdische Krankenhaus auf Guernsey nicht in ein multimediales Museum verwandelt, sondern so belassen, wie es war. 2
Man geht oft alleine durch die 2 km langen Gänge. In den feuchten, kühlen Stollen, die zum Teil als Hospital, zum Teil aber auch als Munitionslager

dienten, stehen noch einige Bettgestelle; manche deutsche Aufschriften sind erhalten. Die Zwangsarbeiter aus vielen europäischen Ländern mussten schätzungsweise 60 000 t Gestein aus dem Fels brechen, um dieses Monument faschistischen Wahns in dreieinhalb Jahren Bauzeit zu schaffen.
La Vassalerie Rd.; Mai–Sept. tgl. 10–12 und 14–16 Uhr, April und Okt. 14–16 Uhr; Bus 4, 5, 5A

Einkaufen

Guernsey Clockmakers ■ D 3, S. 117
Unmittelbar neben der Touristenattraktion **Little Chapel** fertigt eine Werkstatt vorwiegend Stand- und Wanduhren nach eigenen Entwürfen.
Les Vauxbelets; Mo–Fr 8.30–17.30, Sa und So 10–16 Uhr

St. Martin(s) ■ DE 4, S. 117

Die schönsten Steilküsten und Strandbuchten der Insel prägen den Südosten. Hier ließen sich der impressionistische Maler Auguste Renoir und Victor Hugo inspirieren, hier gibt es kleine Wäldchen, üppig grüne Täler und den reizvollsten Klippenpfad auf Guernsey.

Hotels/andere Unterkünfte

La Barbarie Hotel & Self Catering Apartments
→ MERIAN-Tipp, S. 79

Bella Luce Hotel M M
→ MERIAN-Tipp, S. 15

Bon Port M ■ E 4, S. 117
Ein traumhaft am Klippenrand gelegenes Hotel mit grandioser Aussicht auf die Steilküste. Geschmackvolle Einrichtung, edle Speisen; Pool.
Moulin Huet; Tel. 23 92 49, Fax 23 95 96; www.bonport.com; 18 Zimmer ★★★ EURO VISA

Idlerocks ■ E 4, S. 117
Auf den grünen Klippen von Jerbourg gelegenes Hotel mit Panoramablick aus vielen Zimmern und von der großen Terrasse. Kleiner beheizbarer Pool mit Kinderbecken.
Jerbourg Point; Tel. 23 77 11, Fax 23 55 92; 28 Zimmer ♿ ★★★ AmEx DINERS EURO VISA

Jerbourg ■ E 4, S. 117
Direkt am Klippenrand bei Jerbourg Point gelegen. Solarbeheizter kleiner Pool im Freien (geöffnet Mai–Sep.) und gutes Restaurant in einem Wintergarten. Ganzjährig geöffnet.
Jerbourg; Tel. 3 88 26, Fax 3 82 38; 30 Zimmer ♿ ★★★ EURO VISA

Rosewood Guest House ■ E 4, S. 117
Sympathische Pension im Dorf St. Martin mit schönem Garten, von Ostern bis Oktober geöffnet.
La Grande Rue; Tel. 23 83 29, Fax 23 94 57; 6 Zimmer und 4 Ferienwohnungen ★

! MERIAN-Tipp

Little Chapel Die »Kleine Kapelle« ist Guernseys meistbesuchte Attraktion. Der winzige Bau ist das Werk des französischen Mönchs Déodat aus der katholischen Bruderschaft der De La Salle Brothers, die 1904 in dem großen Bau oberhalb der Kapelle mehrere Schulen gründete. Die Kapelle ist innen wie außen mit Muscheln, Kieselsteinen und Bruchstücken farbigen Porzellans dekoriert. Wie ein Meer von Blüten schimmert sie im Licht der Nachmittagssonne. Lex Vauxbelets (südwestlich von St. Andrew); Bus 4 und 5A; tagsüber ständig geöffnet; Eintritt frei.
■ D 3, S. 117

Sehenswertes

Doyle Column ■ E 4, S. 117
Der hohe Gedenkpfeiler für Sir John Doyle, Gouverneur der Insel in den kritischen Tagen der napoleonischen Kriege, wurde 1944 von den Deutschen niedergerissen und 1953 von traditionsbewussten Insulanern neu errichtet. Schön ist hier auch der Blick vom Restaurant **The Auberge** auf Castle Cornet, die Nordostküste sowie die Inseln Herm und Sark.
Route de Jerbourg; Bus 6

Fermain Bay ■ E 4, S. 117
Das dicht bewachsene Tal eines Bächleins und ein Klippenpfad führen hinunter in die Badebucht, die um 1780 durch einen Wachturm, ein Pulvermagazin (heute Café) und eine Mauer befestigt wurde.
Bus 5, 5A, 6, 6A, 7, 7A bis Fermain Tavern, dann ca. 15 Min. zu Fuß

La Grandmère du Chimquière ■ E 4, S. 117
Am Eingang zum Kirchhof der **Pfarrkirche von St. Martin** steht eines der interessantesten vorgeschichtlichen Denkmäler der Insel: ein etwa 1,6 m hoher Statuenmenhir aus Granit. Im späten Neolithikum oder in der frühen Bronzezeit stellte man diesen großen Stein mit menschlichem Antlitz und angedeuteten Brüsten als Symbol für eine Muttergottheit auf. In römischer Zeit wurden Gesicht und Haare herausgemeißelt. Bei genauer Betrachtung entdeckt man, dass versucht wurde, den Menhir in zwei Teile zu zerschlagen: Man vermutet, dass ein erboster Geistlicher am Werk war.
Bus 5, 5A, 6, 6A, 7, 7A; frei zugänglich

Moulin Huet Bay ■ E 4, S. 117
In der Bucht mit ihrem langen Sandstrand fühlt man sich vor den mächtigen Felsklippen wie ein Winzling. Da man das Meer nur zu Fuß erreicht, ist der Strand meist relativ leer. Victor Hugo liebte die Idylle und kam regelmäßig zum Picknick ins Mühlental, auch Renoir hielt seine farbflirrenden Impressionen auf einigen Zeichnungen und Gemälden fest.
Bus 6 bis Hotel Bella Luce, von dort ca. 1 km Fußweg

Sausmarez Manor ■ E 4, S. 117
Das größte Herrenhaus der Insel geht auf das 13. Jh. zurück. Trotz diverser Stileinflüsse bis in die viktorianische Zeit wirkt es eindrucksvoll geschlossen. Innen ist die Eingangshalle mit dem reich geschnitzten Treppenhaus sehenswert. Bei einer Führung durch das Haus – der derzeitige Seigneur bewohnt einen Teil davon – erfährt man Kurioses aus der Chronik der Familie, zu der u. a. Freibeuter und Admiräle gehörten, und kann einen Blick in die eichengetäfelten Räume werfen. Im Schlosspark sind zeitgenössische Skulpturen ausgestellt, während in einem Nebengebäude Puppenhäuser gezeigt werden. Eine Mini-Eisenbahn zieht ihre Runden durch den Park. Kleines Gartencafé.
Saumarez Rd.; Bus 5, 5A, 6, 6A, 7, 7A; **Manor House:** Ostern–Ende Mai und Okt. Mo–Do Führung 10.30 und 11.30 Uhr, Juni–Sept. 10.30, 11.30, 14 Uhr, Park ganzjährig tgl. 10–18 Uhr; www.artsparks.co.uk

Essen und Trinken

The Auberge MM ■ E 4, S. 117
Die Lage des Restaurants mit Gartenterrasse könnte schöner nicht sein. Aber auch der spektakuläre Blick bis St. Peter Port vermag die Eindrücke der kulinarischen Köstlichkeiten nicht zu übertreffen. Für Gourmet-Gaumen!
Jerbourg Rd.; Tel. 23 84 85; Reservierung empfohlen ★★★ EURO VISA

Jede Form von Wassersport – ob im oder auf dem kühlen Nass – hat auf Guernsey zahlreiche Anhänger.

Moulin Huet Tea Gardens ■ E 4, S. 117
In der Sommerhitze wird man die Frische der von übermannshohen Hortensien umgebenen Gartenterrasse richtig genießen. Steil steigen zu beiden Seiten die Felsen empor und rahmen den bestechenden Blick. Da steht der Gaumen gern zurück: einfache Getränke und Sandwiches.
Moulin Huet Bay; tgl. 10–17 Uhr ★

Einkaufen

Moulin Huet Pottery ■ E 4, S. 117
Kleine Töpferei in einem üppig grünen Tal. Außer der eigenen Keramik werden auch Aquarelle verkauft.
Moulin Huet Bay; Mo–Sa 9–17, So 10–12.30 Uhr

St. Pierre du Bois

■ B 3, S. 116

Der Bezirk an der Westküste ist recht ländlich geblieben. Den großen Reiz der Rocquaine Bay bildet das zerklüftete Felsenmeer, das bei Niedrigwasser aus den Sandflächen ragt.

Sehenswertes

Lihou Island ■ A 2, S. 116
Als Kontrapunkt zur Halbinsel Pleinmont schiebt sich von der L'Erée Bay ein Felsriegel ins Meer. Bei Niedrigwasser kann man über einen uralten, kopfsteingepflasterten Damm auf das Inselchen gelangen. Der Weg ist hier das Ziel, denn die einzige Sehenswürdigkeit sind die spärlichen Ruinen eines mittelalterlichen **Klosters,** von dem man nicht mehr weiß, als dass es schon 1156 bestand.

Das Kap »am Festland« überragt weithin sichtbar ein deutscher Feuerleitturm. Aus der Heidelandschaft direkt neben der Zufahrtsstraße erhebt sich der Dolmen **Le Creux ès Faies.** Das 5000 Jahre alte, 9 m lange Ganggrab kann besichtigt werden.
L'Erée; eine Tafel am Lihou-Damm nennt die aktuellen Tidenzeiten; Bus 7, 7A

Museum

Fort Grey Maritime Museum ■ A 3, S. 116
Kleine Ausstellung im Turm einer Festung aus dem Jahr 1804 (als Seefahrtsmarke ist er jetzt weiß gestrichen). Sie dokumentiert, wie viele Schiffe bereits an den tückischen Felsen der Westküste gestrandet sind. Interessante Karten und Fotos; Video über das Stranden und die Rettung der Bohrinsel »Orion« 1978.
Rocquaine Bay; April–Okt. tgl. 10–17 Uhr; Bus 7, 7A

Essen und Trinken

Café du Moulin MMM ■ B 3, S. 116
Die perfekte Cuisine von Chefkoch und Inhaber Christoph Vincent hat den ersten Michelinstern auf Guernsey zum Funkeln gebracht. Auch das Ambiente des umgebauten Kornspeichers vervollkommnet den Genuss der vorzüglichen Gerichte! Vier bestausgestattete Apartments.
Rue de Quanteraine; Tel. 26 59 44, Fax 26 73 43; www.cafedumoulin.com; Reservierung empfohlen ★★★ EURO VISA

Einkaufen

Coach House Art Gallery ■ B 3, S. 116
Wechselnde und ständige Verkaufsausstellungen von Aquarellen, Objekten aus Glas, Metall und Keramik.
Les Islets; tgl. 11–17 Uhr

Guernsey Pearl & Coppercraft ■ A 3, S. 116
Im funkelnden Perlenladen lassen sich die Schmuckdesigner über die Schulter sehen. Nebenan überwältigt die große Auswahl an Kupfer- und Messingartikeln, darunter die früher für die Inseln typischen Milchkannen.
Rocquaine Rd.; tgl. 9.30–17 Uhr

St. Sampson ■ EF 2, S. 117

Die Einheimischen verbinden den besonders dicht besiedelten Bezirk nördlich von St. Peter Port mit Industrie, großen Öllagern, Steinbrüchen und mittelständischen Betrieben. Andererseits fahren sie durchaus zum Shopping hierher.

Sehenswertes

Vale Castle ■ F 2, S. 117
An der Stelle eines eisenzeitlichen Forts entstand im 15. Jh. eine Festung mit unregelmäßigem Grundriss, hohen Mauern und runden Türmen. Im 17. und 18. Jh. wurde sie dem neuesten Stand der Verteidigungsarchitektur angepasst. Von den Mauern aus hat man einen herrlichen Blick über den Inselnorden.
Castle Rd.; tagsüber frei zugänglich; Bus 6, 6A, 7

Einkaufen

Guernsey Candles ■ E 2, S. 117
Kerzengebilde in Tierform und aus vielfarbigen Wachsschichten sind nicht jedermanns Geschmack, Kinder aber suchen sich meist gern ein Souvenir aus. Vorführung der Fertigung in einem Farmhaus des 17. Jh.
Les Pts. Capelles; tgl. 10–17 Uhr; Bus 5, 8

Oatlands Village Guernsey Freesia Centre ■ E 2, S. 117
Um den Hof hinter den beiden markanten Ziegelbrennöfen scharen sich kleine Geschenkartikelläden neben einer Cafeteria. Den Gaumen kitzelt der feine Schokoladenduft, wenn man im Laden von **Rebecca's Chocolates** bei der Herstellung der verführerischen Pralinen zusieht. Klassische »Guernseys« verkauft **Sheep's Clothing**, während das Freesia Centre die Aufzucht der millionenfach exportierten Fresien zeigt.
Braye Rd.; tgl. 10–17 Uhr; Bus 5–7, 5A–7A

St. Saviour ■ BC 3. S. 116

Nicht die Pfarrkirche oberhalb des dreifingrigen Trinkwasserreservoirs, sondern die Kapelle **St. Apolline** gehört zu den größten kunstgeschichtlichen Schätzen der Insel.

Hotels/andere Unterkünfte

Auberge du Val Hotel & Herb Garden ■ C 3, S. 116
Persönlich geführtes, kleines Hotel in einem 150 Jahre alten Bauernhaus (→ Essen und Trinken).
Sous l'Eglise; Tel. 26 38 62, Fax 26 48 35; E-Mail: aubduval@guernsey.net; 8 Zimmer
★★ EURO VISA

Sehenswertes

St. Apolline Church ■ B 3, S. 116
Die besterhaltene der etwa 20 mittelalterlichen Kirchen der Insel ist der Nothelferin bei Zahnschmerzen geweiht. St. Apolline erlitt im Jahr 249 in Alexandria ein Martyrium: Bevor sie den Feuertod starb, schlug man ihr alle Zähne aus und zertrümmerte ihr außerdem noch die Kinnlade.

Die Kirche wurde bereits 1392 erbaut. Zeitweilig als Stall verunstaltet, wurde sie 1978 nach sechsjährigen Restaurierungsarbeiten wieder geweiht. Von der ursprünglichen Bemalung sind nur schwach die Reste einer Abendmahldarstellung an der rechten Seitenwand erkennbar.
La Grande Rue; Bus 5, 5A, 7, 7A

Le Trépied Dolmen ■ B 3, S. 116
Der gut erhaltene Dolmen liegt landschaftlich schön auf einem Erdhügel an der Perelle Bay.
Rue de la Croix, Perelle Bay; Bus 7, 7A

Essen und Trinken

Auberge du Val ■ C 3, S. 116
Eine ländliche Idylle. Zum Lunch sitzt man im stillen Innenhof des Hotels

und genießt hausgemachte Pasteten, gewürzt mit frischen Gartenkräutern, oder andere kleine Gerichte.
Sous L'Eglise; Tel. 26 38 62; Lunch 12–14, abends ab 18 Uhr ★

Einkaufen

Bruce Russell & Son ■ C 3, S. 116
Gold- und Silberschmiedearbeiten nach eigenem Design, präsentiert in einem Farmhaus von 1582. Es liegt inmitten eines wunderschönen Gartens, auf den man von der Terrasse des beliebten **Restaurants** ★ blickt. Inselspezialitäten aller Art.
Le Gron; Mo–Sa 9–17, So 10–17 Uhr

Guernsey Woodcarvers ■ C 3, S. 116
Tischlereibetrieb und Schnitzwerkstatt, in der neben Möbeln allerlei Souvenirs aus 60 verschiedenen Holzarten hergestellt werden.
Les Issues; Mo–Sa 8–12 und 13.30–17 Uhr

Le Tricoteur ■ B 3, S. 116
Nach einer Besichtigung der Strickwarenfabrik kann man im kleinen Laden Guernsey-Pullover (und modische Variationen davon) kaufen. Aber Achtung: Man sollte sie immer eine Nummer größer wählen, da sie beim Waschen etwas einlaufen.

Guernsey-Pullover zeichnen sich durch besonders feine Maschen aus, die den Wind nicht durchlassen. Die Wolle ist zudem noch leicht ölig, so dass sie Feuchtigkeit abweist. Die Pullover – fast jeder Fischer besitzt einen – gelten als besonders haltbar: Der »dienstälteste« Guernsey wird angeblich seit 27 Jahren jeden Werktag getragen. Die Muster sind maritim inspiriert und erinnern an eine Strickleiter, ein Schiffstau und die auflaufenden Wellen am Strand.
Perelle Bay; Mo–Fr 8.30–17 Uhr

Strawberry Farm ■ B 3, S. 116
Hier gibt es kein Bücken bei der Ernte, denn in den Gewächshäusern wachsen die Erdbeerpflanzen (rund 55 000) aus unter der Decke befestigten Plastiktrögen. Bis 1971 kultivierte man Tomaten in den **vineries** – so genannt, weil unter Glas einst Weinreben gezogen wurden.

Zur Farm, die über sechs Monate hin Früchte liefert, gehören auch ein buntes **Ladenzentrum** und ein Spielplatz. In der Cafeteria locken frische Erdbeeren mit Guernsey Cream sowie hausgemachtes Guernsey Fudge.
Les Issues; April–Dez. tgl. 10–17 Uhr, Jan.–März tgl. 10–16 Uhr; Bus 4, 5, 5A

Torteval ■ AB 4, S. 116

Der ganz ländlich gebliebene Pfarrbezirk im Südwesten gibt sich mit seinen weiten Hochflächen und kahlen Steilküsten nordisch-herb.

Sehenswertes

Pleinmont ■ A 4, S. 116
Ungebremst fegt der Wind über die nahezu baumlose Hochebene, deren Silhouette Antennenmasten und ein deutscher Feuerleitturm prägen. An alte Bräuche erinnert der kreisförmige Table des Pions (»Feenkreis«).
Feuerleitturm April–Okt. Mi, So 14–17 Uhr, Nov., März So 14–16 Uhr; Bus 7, 7A

Essen und Trinken

Imperial Hotel ■ A 4, S. 116
Ob Bar Lunch oder Dinner, im Restaurant **Water's Edge** stehen Fisch und Meeresfrüchte an erster Stelle.
Rocquaine Bay; Tel. 26 40 44 ★/★★

Vale ■ D1 F1, S. 117

Der nordöstlichste Teil der Insel war bis 1806 durch einen seichten, bei Hochwasser überfluteten Kanal vom übrigen Guernsey getrennt. Der Wasserlauf reichte von der Grande Havre Bay bis zum Becken des St. Sampson Harbour.

Hotels/andere Unterkünfte

Bordeaux Guest House F 1, S. 117
Eine nett eingerichtete Pension in einem typischen Inselhaus wenige Schritte von der Bordeaux Bay.
Rocques Barees Rd., Bordeaux Bay; Tel. 24 74 61, Fax 24 36 69; 8 Zimmer ★★

Sehenswertes

L'Ancresse Bay E 1, S. 117
Die weite sandige Bucht im Norden von Vale ist mit sechs Wachtürmen aus der Zeit um 1780 bestückt. Sie sollten vor einer französischen Invasion schützen. Im Erdgeschoss haben sie einen Lagerraum und darüber zwei Etagen als Quartier für Soldaten. Der Eingang lag in Höhe des ersten Geschosses. Es gab 15 solcher Türme, zwölf sind erhalten, einer ist zu besichtigen: **La Rousse Tower** auf der Westseite von Grande Havre.
April– Okt. tagsüber ab 9 Uhr; Bus 6, 6A

Le Déhus Dolmen F 1, S. 117
Eine kleine Tür führt in das wieder von einem Erdhügel bedeckte Grab. Linker Hand findet man einen Lichtschalter. Geduckt geht man die 10 m bis in die etwa 1,80 m hohe Hauptkammer. Hier erhellt ein Scheinwerfer einen der beiden mächtigen Decksteine. Schemenhaft sind die Umrisse eines bärtigen Mannes mit Pfeil und Bogen zu erkennen. Augen und Mund sind leicht vertieft, Lippen und Nase leicht erhaben. Dieser **Gardien du Tombeau** (Hüter des Grabes) dürfte wie das Grab 3000 Jahre alt sein.
Paradis (ausgeschildert); tgl. 9 Uhr bis Sonnenuntergang; Bus 6, 6A

Les Fouaillages E 1, S. 117
Der 1979 und 1981 ausgegrabene Kultplatz aus der Zeit um 4500 v. Chr. wurde teilweise rekonstruiert, so dass sich in Verbindung mit den Rekonstruktionszeichnungen ein verständliches Bild seines ursprünglichen Aussehens ergibt.
Am Südrand des Golfplatzes, nahe der Straße zur Ladies Bay; Bus 6, 6A

***Süße Früchtchen en masse:* Die Strawberry Farm ist für Erdbeerliebhaber der Himmel auf Erden.**

Der Traum von einer eigenen Insel – für die Familie Wood wurde er wahr. Bis zum Jahre 2046 haben sie Herm gepachtet – mit der Auflage, es als Besucherattraktion zu pflegen.

Herm

97 Einwohner
Karte → S. 95

Nur 20 Bootsminuten trennen Herm von Guernsey. Dennoch kommt man in eine andere Welt. Auf Herm, bis zu 2500 m lang und 800 m breit, sind weder Autos noch Fahrräder unterwegs; die Benutzung von Radios und Kassettenrekordern in der freien Natur ist verboten. Herm ist eine kaum vorstellbare Oase der Ruhe, auch wenn im Sommer tagsüber einige hundert Touristen zu Gast sind.

Seit 1949 wird die Insel bereits in der zweiten Generation von den privaten Pächtern verwaltet, wie es ein Ferienparadies verdient. Bevor die States of Guernsey die Insel im Jahr 1946 für 15 000 £ von der britischen Krone kauften, hatte Herm den Gouverneuren von Guernsey als Jagdrevier gedient. Im 19. Jahrhundert wurden auf Herm Granit, Kupfer- und Silbererze abgebaut; danach überließ die Krone die Insel verschiedenen Pächtern. Einer davon war Prinz Blücher von Wahlstatt, ein Nachfahre des gleichnamigen deutschen Freiheitshelden aus den Napoleonischen Kriegen. Er ließ in den Jahren 1889 bis 1917 das ausgezeichnete Wegenetz anlegen.

Milch für Guernsey

Ihr heutiges Gesicht verdankt die Insel den Woods, denen alle Geschäfte, Restaurants und sonstigen Wirtschaftsbetriebe der Insel gehören. Der Farmbetrieb mit seinen etwa 80 Guernsey-Kühen liefert der großen Nachbarinsel täglich etwa drei Prozent ihres Milchbedarfs. Für die 58 ständigen und ca. 70 saisonalen Bewohner der Insel gibt es ein Dieselkraftwerk, eine eigene Wasserversorgung, einen Kindergarten und eine Grundschule. Bis 1969 unterhielten die Woods sogar ein Postamt; jede Sendung, die Herm verließ, musste eine Briefmarke der Insel tragen.

Auf Herm ist ein echtes Gemeinwesen mit feudalistischen Zügen entstanden. Damit unterscheidet es sich grundsätzlich vom noch viel kleineren **Jethou**, das einen Steinwurf von der Südwestküste Herms entfernt liegt, aber Fremden nicht zugänglich ist. Der Pächter dort will seine Ruhe haben. Nur Ornithologen haben dort regelmäßig Zutritt, denn wie Herm ist die Insel ein Brutplatz der in dieser Region seltenen Papageitaucher (→ MERIAN-Tipp, S. 48) und vieler anderer Seevögel: von Silbermöwen, Seeschwalben, Kormoranen und sogar Austernfischern, um nur die bekanntesten zu nennen.

Landschaftlich ist Herm ein Juwel. Der flache Inselnorden lockt mit langen Sandstränden; der bis zu 70 m Höhe aufsteigende Inselsüden lädt zu einer bequemen Klippenwanderung (→ S. 94) ein.

Von außen ein unscheinbares Granitkirchlein, präsentiert sich die St. Tugual's Chapel in ihrem Inneren ebenfalls schlicht, doch mit sehr viel Atmosphäre (→ S. 48).

Hotels/andere Unterkünfte

Eine Reihe kleiner Cottages und Ferienwohnungen bietet Platz für zwei bis acht Personen. Vermittlung über das **Tourist Office**.

The White House Hotel ■ b 3
Stimmungsvolles, familienfreundliches Landhaushotel am Hafen mit eigenem Garten, Pool und Tennisplatz. Vermittlung über das **Tourist Office**. Kann nur mit Halbpension gebucht werden.
Tel. 72 21 59, Fax 71 00 66; 38 Zimmer
★★★ AmEx EURO VISA

Sehenswertes

Robert's Cross Dolmen ■ b 2
Im Norden der Insel sind die spärlichen Überreste einiger etwa 4000 Jahre alter jungsteinzeitlicher Steingräber zu finden, von denen der am Robert's Cross noch am besten erhalten ist.
Frei zugänglich

Shell Beach ■ c 2
Am sandigen »Muschelstrand« im Nordosten der Insel Herm schwemmt der Golfstrom ständig neue Muscheln an. Über 150 verschiedene Arten wurden bisher gezählt.

St. Tugual's Chapel ■ c 3
In der Mitte des 11. Jh. hatte der normannische Herzog Robert die Insel Herm den Benediktinermönchen von Mont-Saint-Michel überlassen. Sie erbauten hier eine einfache Kapelle, die die Zeiten überdauert hat. Die jetzige Pächterfamilie ließ sie restaurieren. Bevor man die Kapelle besichtigt, sollte man den Kippschalter betätigen, der auf der Orgel liegt: Dann erklingt für etwa fünf Minuten stimmungsvolle Kirchenmusik vom Band. Die vier farbigen Glasfenster der Kapelle sind Nachkriegsarbeiten aus Exeter. Sie zeigen: Christus, der den Sturm stillt; Christus, der die Fischer aufruft, ihm zu folgen und zu Menschenfischern zu werden; Samuel im Tempel; Noah und die Tiere vor der Arche.
Frei zugänglich

! MERIAN-Tipp

Puffin Patrol Papageitaucher sind sehr putzige, ganz besondere Vögelchen. Aber auch verschiedene Möwenarten, seltene Seeschwalben und Austernfischer aus der Nähe zu sehen ist mit entsprechenden Erklärungen nicht nur für eingefleischte Vogelfans ein Erlebnis. Im Sommer organisiert die Guernsey-Gruppe des britischen Vogelschutzbundes (RSPB) regelmäßig »Papageitaucher-Patrouillen«, Bootsfahrten von St. Peter Port nach Herm und Jethou (ohne Landgang). Ferngläser an Bord. Mai Mi, Juni–Juli Mo, Mi und Do 18 Uhr, Dauer 2 Std.; Auskunft/Reservierung: Herm Seaways; Tel. 0 14 81/ 72 41 61; www.rspbguernsey.co.uk/puffinpatrol.htm

Essen und Trinken

Die beiden Strandcafés am **Shell Beach** und an der **Belvoir Bay** servieren mittags Snacks. Ein einfaches Mittagessen bekommt man z. B. im **Mermaid's Inn** ★; gut auch für mittags ist der **Captain's Table Coffee Shop** (Spezialität sind Herm-Austern) ★★. Mittags und abends geöffnet ist das Restaurant des **White House Hotel** ★★★. Als Pub ist **The Ship Inn** mit seiner windgeschützten Terrasse gemütlicher als das auf Massenbetrieb abgestellte **Mermaid's Inn**.

Service

Auskunft

Tourist Office
Auch Vermietung von Apartments, Ferienhäusern und Stellplätzen auf dem Campingplatz.
Herm Island; Tel. 72 23 77, Fax 70 03 34

Herm Seaways St. Peter Port
Tagesausflüge/Puffin Patrol.
Albert Pier; Tel. 72 41 61

Travel Trident St. Peter Port
Tagesausflüge (mit Essenspackage).
Veraufskiosk Weighbridge; Tel. 72 13 79

Sattes Grün und goldgelbe Strände ...

Jerseys Bild aus der Luft entpuppt sich bei näherem Kennenlernen als ein buntes Mosaik bezaubernder Natur und historischer Monumente.

Jersey

87 000 Einwohner
Karte → S. 118/121
Stadtplan St. Helier → Klappe hinten

Berlin ist fast achtmal größer als Jersey, das auf 116 qkm Lebensraum für knapp 90 000 Menschen ist. Ein Drittel davon wohnt in der Inselhauptstadt **St. Helier**.

Jersey lebt von einem der zumindest optisch saubersten Wirtschaftszweige der Welt: dem **Finanzwesen**. Aus in- und ausländischen Fondsverwaltungen, Versicherungen, Geldanlagen und verwandten Aktivitäten stammen knapp 60 Prozent des Nationaleinkommens. Der **Tourismus** steuert weitere 25 Prozent bei. Der Anteil der einst so bedeutenden Landwirtschaft ist auf verschwindende 1,3 Prozent gesunken. Die wichtigsten Produkte sind dabei vor allem Schnittblumen und Milch.

Um Geld zu verwalten, braucht man weder Fabrikhallen noch große Paläste. Von den smarten »young business professionals« im grauen Anzug oder im schicken Kostüm, ein paar Bankgebäuden und vielen Luxuskarossen einmal abgesehen, fällt Jerseys Wirtschaftsfaktor Nummer eins kaum ins Auge. Eine erfreuliche Tatsache für Umwelt und Natur, denn damit erhält sich Jersey sein bestes Kapital als attraktives Urlaubsziel.

Das Hafenstädtchen Gorey zu Füßen von Mont Orgueil Castle ist ein Lieblingsziel des Tourismus (→ S. 62).

Vielfalt der Natur

Jersey ist die landschaftlich abwechslungsreichste Kanalinsel. Die Küstenszenerie bietet von der winzigen, weltabgeschiedenen Strandbucht bis zu abrupt abfallenden Steilküsten, von tiefen Dünentälern bis zu felsübersäten Wattflächen unendliche Varianten. Im August und September liegen violett blühende Heideflächen nur wenige Wanderminuten von fast urwaldhaft grünen Tälern mit efeuumrankten Ulmen und Eichen entfernt. Küstenpfade winden sich durch dichte Wälder und über schottisch anmutende Hochflächen, fallen steil zu Strandbuchten ab und steigen an bis zum nächsten Kap.

Wie ein Spinnennetz überziehen schmale Landstraßen und die noch engeren **Green Lanes** die Insel, führen zu stillen Weilern, alten Wassermühlen und prächtigen Gärten. Radfahrer und Reiter sind auf diesen Sträßchen fast häufiger zu sehen als Autos. Wer sich von den Hauptstraßen entfernt, wird auch im Inselinneren ländliche Idyllen entdecken, wie man sie auf einer dicht besiedelten Insel kaum vermutet. So sorgt schon allein die Natur für vielfältige Abwechslung.

Englische Lebensart und Freizeitvergnügen

Kunstenthusiasten werden hier weniger auf ihre Kosten kommen. Außer Burgen und einigen alten Herrenhäusern, ein paar vorgeschichtlichen Denkmälern und St. Heliers Stadtarchitektur des 19. Jahrhunderts gibt es nur wenige Ziele, die sich für eine klassische Studienreise eignen. Doch die Insulaner haben Ersatz geschaffen. Museen informieren auf sehr pragmatische Art äußerst anschaulich und ohne jeden anderswo manchmal üblichen Museumsmief über Kultur und Geschichte.

Künstler und **Kunsthandwerker** der unterschiedlichsten Metiers heißen Besucher in ihren Studios und Werkstätten willkommen. **Private Gärten** öffnen jedes Jahr für ein paar Tage ihre Blumenpracht der Öffentlichkeit und dies nicht nur zum berühmten Jersey Garden Festival. Und manchmal verwöhnen die Besitzer ihre Gäste sogar mit einem liebevoll arrangierten »cream tea«.

Sind Baustil und Küche auch französisch beeinflusst, so verrät der Lebensstil der Jerseyaner – in Guernsey nennt man sie mit einem Augenzwinkern bisweilen »crapauds«, die Kröten – deutlich britischen Charakter: eine sympathische Mischung aus Traditionsbewusstsein, Zwanglosigkeit und Individualismus.

Lebendige Traditionen

Wer einen tieferen Einblick in die Besonderheiten der Insel gewinnen will, sollte einmal einer Sitzung der **States of Jersey**, des Inselparlaments, beiwohnen. Seine 57 Mitglieder tagen jeden Dienstag im Parlamentsgebäude am Royal Square in St. Helier. Nicht minder interessant sind die Sitzungen des **High Court** (Gerichtshofs). Die dabei getragenen Amtsroben sind in alten Satzungen ebenso festgelegt wie der Ablauf der Zusammenkünfte. Auskunft über die genauen Sitzungstermine gibt die Touristeninformation.

St. Helier

■ F 7, S. 119

Die Inselmetropole (28 000 Einwohner) ist eine verkehrsreiche und äußerst lebendige Kleinstadt mit vielen Häusern aus dem 19. Jh. Reserviert man sich für den Besuch der Museen sowie **Fort Regent** und **Elizabeth Castle** einen eigenen Tag, kann man das Zentrum von St. Helier voller Muße an einem halben Tag kennen lernen. Schon ein Rundgang durch die Gegend am Hafen und die Fußgängerzone vermittelt das Flair des kleinen Städtchens.

Hotels/andere Unterkünfte

Alhambra Hotel ■ e 4
Sympathisches kleines Garni-Hotel, liebevoll eingerichtet. Östlich Fort Regent und nahe zum Meer gelegen.
Roseville Street; Tel. 73 21 28, Fax 73 17 71; E-Mail: alhambrahotel@hotmail.com ★★
EURO VISA

Hotel de France MM nördlich ■ c 1
Stilvolles Großhotel am Stadtrand, ca. 15 Gehminuten vom Zentrum. Komfortable Zimmer mit modernster Ausstattung; großer Indoorpool mit Whirlpool, Sauna. Kleiner Pool im Freien, Nightclub, Kino, Fitnessstudio, Squashcourts, Kinderclub im Sommer.
St. Saviour's Rd.; Tel. 61 40 00, Fax 61 41 99; www.defrance.co.uk; 320 Zimmer und Suiten ★★★/★★★★ AmEx DINERS
EURO VISA

La Bonne Vie ■ e 4
In dem um 1890 gebauten Stadthaus entstand eine romantisch möblierte Pension mit kleinem Garten – nah zum Meer und auch zum Zentrum.
Roseville Street; Tel. 73 59 55, Fax 73 33 57; E-Mail: abonnevieguesthouse@yahoo.com; 10 Zimmer ★ (keine Kreditk.)

Mountview nordwestlich ■ a 1
Ruhige Lage, etwa 15 Minuten vom Zentrum und vom Strand entfernt; Restaurant, Sonnenterrasse.
St. John's Road; Tel. 88 76 66, Fax 88 07 46; 35 Zimmer; nur April–Okt. ★★ AmEx
EURO VISA

The Hotel Revere ■ b 1
Aus einer alten Kutschenstation wurde ein Hotel der gehobenen Klasse. Drei beliebte Restaurants, Bar.
Kensington Place; Tel. 61 11 11, Fax 61 11 16; www.revere.co.uk; 58 Zimmer ★★★
EURO VISA

Spaziergang

Ein Stadtrundgang kann am Informationsbüro von **Jersey Tourism** beginnen, das im ehemaligen Bahnhofsgebäude eingerichtet ist. Von hier sind es nur wenige Schritte zu den Piers des **Albert Harbour**, wo die großen Fähren anlegen, bzw. zum zentralen Busbahnhof der Insel. Etwas östlich des Verkehrsknotens liegt das überaus interessante **Jersey Museum**, und dafür sollten Sie sich ein wenig Zeit nehmen. Die Sammlungen sind in zwei sehenswerten historischen Gebäuden untergebracht.

Die **Conway Street** führt vom Liberation Square in zwei Minuten zu einem trapezförmigen Platz, der den Namen **Broad Street** trägt. Hier findet man Banken und Wechselstuben, das Hauptpostamt und eine gute Buchhandlung. Folgt man nun der Broad Street nach links und biegt in die erste Gasse rechts ein, trifft man unmittelbar vor dem traditionellen Kaufhaus Marks & Spencer auf die lebhafte **King Street** (Fußgängerzone). Einige der Geschäfte in St. Helier's Haupteinkaufsstraße haben sogar ihre alten Fassaden bewahrt.

200 m weiter in östlicher Richtung zweigt rechts die schmale Gasse **Peirson Place** ab, die auf den **Royal Square** mündet. In früheren Zeit wurde unter den Kastanienbäumen der Markt abgehalten. Von Interesse sind hier nicht nur die States of Jersey mit dem Sitzungssaal des Inselparlaments sowie dem Gerichtshof (**Royal Court**), sondern auch zwei gute Pubs.

Auf die King Street zurückgekehrt, biegt man gleich in die nächste Straße, **Halkett Place**, nach links ein. Sie führt schnurgerade auf die tempelähnliche Methodistenkirche zu. Rechter Hand öffnen sich die Arkaden des **New Market**, einer nostalgischen Markthalle (→ MERIAN-Tipp, S. 52).

An der angrenzenden Beresford Street steht die noch ältere und kleinere Halle des **Beresford Market**. Der Fischmarkt ist eine kulinarische Oase, wo man sich im Stehen mit ein paar frischen Austern, Muscheln oder Krebsen stärken kann, z. B. in der Seafood-Bar **Atlantique**.

Die Halkett Street – auch hier fehlt es nicht an Einkehrmöglichkeiten – führt zurück zur Shoppingmeile, die nun **Queen Street** heißt. Sie endet am Platz **Snow Hill**. Der kürzeste Weg zurück zum Hafen führt über die Hill Street (vorbei am Jersey Museum).
Dauer: ca. 2,5 Std.

Sehenswertes

Elizabeth Castle ■ D 5
Auf einer Felsinsel nahe der Einfahrt in den Hafen von St. Helier liegt eine der bedeutendsten und eindrucksvollsten Burgen der Channel Islands. Mit ihrem Bau wurde Ende des 16. Jh. begonnen. Sie sollte Mont Orgueil Castle in Gorey als wichtigste Inselfestung und Wohnsitz des Gouverneurs ablösen. Seit dem 12. Jh. hatte auf der Insel ein Kloster gestanden, von dem um 1600 allerdings nur noch die Ruine der Kirchen vorhanden war.

Ein Rundgang durch die Anlagen nimmt mindestens zwei Stunden in Anspruch. Von besonderem Interesse sind die als Museum hergerichteten Kasernen, in denen man viele ungewöhnliche Details über das Leben von Soldaten und Offizieren in vergangenen Jahrhunderten erfährt.

Elizabeth Castle ist über einen Damm mit einem weiter draußen liegenden Inselchen verbunden, das eine kleine Kapelle trägt.
Erreichbar bei Ebbe zu Fuß oder mit dem Amphibienfahrzeug, genannt »Puddleduckferry«, ab Victoria Ave. (gegenüber dem Grand Hotel); Anfang April–Okt. tgl. 10–18 Uhr (letzter Einlass 17 Uhr)

! MERIAN-Tipp

Markthallen in St. Helier Im bunten Treiben zwischen den Ständen für Obst, Gemüse, Fleisch, Käse und Gebackenes wird die Synthese von Nord und Süd, die die Kanalinseln nun einmal sind, am deutlichsten spürbar. Das Angebot ist frisch, bunt und vielfältig wie am Mittelmeer, aber die öffentliche Waage in einem Kämmerlein signalisiert, dass man im Norden ist. Erstaunlicherweise lassen die Kunden nicht ihre Einkäufe wiegen, sondern sich selbst: So skurril kann nur ein britisch geprägtes Inselchen sein. Die besten Marktstunden sind Mo–Sa 9–12 Uhr. New Market, Halkett Place. ■ d 2

Fort Regent ■ D 3–4
Die 1806 bis 1814 auf einem Hügel über St. Helier erbaute Festung ist heute der größte Sport- und Freizeitpark der Insel, der vom Hafen aus durch die futuristische weiße Kuppel der Konzerthalle (2000 Pers.) ins Auge sticht. Ein Hallenbad (Kinderpool und 33-Meter-Bahn) und eine Rollschuhbahn, Tischtennis, Bowling sowie eine Spielhalle für Kinder garantieren Spaß und Abwechslung. Bars und Cafés, ein Fitnesscenter, Billardtische, Squash- und Badmintonplätze ergänzen das Freizeitangebot. Von den Grünanlagen hat man einen weiten Blick über Stadt und Bucht.
Zugang über die Pier Road oder den Lift im Parkhaus daneben; www.slr-online.com; Mo–Fr 9–21, Sa, So 9–18 Uhr

Glass Church ■ E 7
Außergewöhnliche Kunstwerke aus Glas erwarten die Besucher in der von außen völlig unscheinbaren Kirche **St. Matthew's**. Als das 1840 errichtete Gotteshaus 1934 renoviert wurde, beauftragte die Witwe des

Gründers der Drogeriemarktkette »Boot's« den französischen Glaskünstler und Juwelier René Lalique (1860–1945) mit der Innenausstattung. Er schuf Türen, Chorschranke, Hochaltar, Altarkreuze, ein Taufbecken, Fenster, Deckenleuchten und einen Altaraufsatz mit Darstellung der hl. Jungfrau aus farblosem Glas im Stil des Art nouveau.
Millbrook; Mo–Fr 9–18, Sa 9–13 Uhr, Gottesdienst So 10.30 Uhr; Bus 8, 8A, 9, 12A, 14, 15

Museen

The Jersey Museum & Art Gallery ■ c 3
Das angenehm moderne Museum in einem alten Lagerhaus aus dem 18. Jh. und dem Haus eines viktorianischen Kaufmanns präsentiert anschaulich und vielseitig die Geschichte der Insel, ihre historischen Stätten, Alltags- und Wirtschaftsleben in vergangenen Zeiten. Ein Zwölf-Minuten-Video gibt eine kurze Einführung in die Inselgeschichte; für deutsche Besucher stehen eigene Kopfhörer zur Verfügung.

Die Kunstgalerie stellt alte und moderne Künstler der Insel vor, zeigt Landschaften und historische Persönlichkeiten, nicht zuletzt auch die berühmte Schauspielerin Lillie Langtry (1853–1929). Ihrer Person ist ein eigener Raum gewidmet. In einem legendären schwarzen Kleid sorgte sie noch als junge Frau in der Londoner Gesellschaft für Aufsehen, sogar König Edward VII. wurde auf sie aufmerksam und verliebte sich.
The Weighbridge; Mo–Sa 10–17, So 13–17, Nov.–Ostern bis 16 Uhr

Maritime Museum ■ c 3
Das 1997 neu eröffnete Museum am Hafen widmet sich der Seefahrtsgeschichte der Kanalinseln. Für Kinder gibt es hier viele Möglichkeiten, sich interaktiv mit Schiffbau, Wellen oder dem Leben der Seeleute zu beschäftigen.
New North Quay; tgl. 10–17 Uhr, Nov. bis Ostern nur bis 16 Uhr

Occupation Museum ■ c 3
Das sehr kleine Museum bietet nichts, was andere Museen oder das German Underground Hospital zum Thema der deutschen Besatzungszeit nicht auch zeigen würden.
9 Esplanade; tgl. 9.30–22.30 Uhr

Occupation Tapestry Gallery ■ c 3
Ausstellung von 12 Bildteppichen im Format 1,82 x 0,86 m, die von Insulanern aus jedem der zwölf Pfarrbezirke der Insel anlässlich des 50. Gedenktages der Befreiung hergestellt wurden. In 45 Farben werden Ereignisse der deutschen Besatzungszeit gezeigt.
New North Quay; tgl. ab 10–17 Uhr, Nov.–Ostern nur bis 16 Uhr

Photographic Museum & Club Rollei nördlich ■ f 1
Private Sammlung nicht nur deutscher Fotoapparate und interessante Wechselausstellungen historischer und aktueller Fotos berühmter Fotografen wie Lord Snowdon.
Im Hotel de France; St. Saviour's Rd.; Mo–Fr 8–17.30 Uhr; Eintritt frei

Essen und Trinken

Albert J. Ramsbottom's ■ d 1
Fish & Chips der besseren Qualität.
90–92 Halkett Place; Tel. 72 13 95; Mo–Sa Lunch 12–14 Uhr, Dinner ab 18 Uhr ★

Bean Around the World ■ d 2
Junges Café für schnelle Snacks und Kaffee aus edelsten Sorten.
73 Halkett Place; Tel. 61 99 77; Mo–Sa 7–22, So 9–22 Uhr ★

Bistro Central M ■ d 2
Bistro ist echtes Understatement, denn hier tafelt man. In schlichter eleganter Atmosphäre verwöhnt das

Bistro Central mit delikaten Fischspeisen und raffinierten Fleischgerichten, himmlischen Desserts ... Die Lage bedingt, dass mittags viele Geschäftsleute reservieren.
7–11 Don Street; Tel. 87 69 33; So geschl.
★★★

The Cock & Bottle ■ d 3
Wer mittags in St. Helier ein preiswertes Lunch sucht, findet es in diesem über 200 Jahre alten Pub, zudem noch mit viel traditioneller Atmosphäre. Im Sommer stehen einige Tische im Freien.
Royal Square; Tel. 72 21 84; Lunch 12–14 Uhr
★

Moitas ■ c 3
Kleines portugiesisches Restaurant mit Spezialitäten aus Madeira und frischen Zutaten aus dem Meer.
20 Esplanade; Tel. 28 07 80; Mo geschl.
★★

Einkaufen

De Gruchy ■ c 2
Das größte Kaufhaus der Kanalinseln bietet in gepflegter Atmosphäre Waren aus aller Welt.
King St. & New St.

Am Abend

Chambers
Ein beliebtes Pub, dessen Livegruppen immer ihr Publikum haben. Lockere Atmosphäre, aber dennoch kommt keiner in Sportklamotten.
Mulcaster Street

Les Folies d'Amour ■ c 3
Nachtclub und Diskothek; sehr gemischtes Publikum, am Wochenende mitunter brechend voll.
Esplanade; tgl. 20.30–2 Uhr

Fort Regent ■ d 3–4
Im größten Freizeitpark der Inseln ist an etlichen Abenden etwas los. Das Programm reicht von großen Konzertveranstaltungen bis zu sportlichen Events.
Info/Ticketreservierung: Tel. 50 02 27; Vorverkaufskasse tgl. 12–17 Uhr

Madison's Nightclub ■ f 1
Top DJs aus Großbritannien bringen hier die Stimmung zum Brodeln.
Hotel de France, St. Saviour's Rd.; tgl. 20–2.30 Uhr

The Warehouse ■ ef 4
Diskothek, die ein sehr junges Publikum anzieht.
Caledonia Place; tgl. Ab 21 Uhr

Howard Davis Park
In den Sommermonaten finden in dem großen Park zwischen Don Road und La Route du Fort unterschiedliche Konzerte bei freiem Eintritt statt.
Auskünfte bei Jersey Arts Centre; Tel. 70 04 00

Service

Auskunft

Jersey Tourism ■ c 3
Liberation Square; Tel. 50 07 77, Fax 50 08 08; Unterkunft/Reservierungen: Tel. 50 08 88; E-Mail: info@jersey.com, www.jersey.com

Jersey Tourism organisiert kostenlose **Stadtführungen, Wanderungen** und **Radtouren** (Dauer ca. 2–3 Stunden), die von Naturkundlern oder historisch sehr kenntnisreichen Führern begleitet werden. Bei einigen ist Anmeldung erforderlich. Zu den Radtouren müssen die Teilnehmer ihr eigenes Bike mitbringen.

Aurigny Air Services
Weighbridge; Tel. 74 47 35

JMT Express (Linienbusse)
Busbahnhof Weighbridge; Tel. 72 12 01

Oben: Eine Verschnaufpause im Pub empfiehlt sich zu allen Tageszeiten.

Mitte: Ein Job für alle Sinne – Duft und Farbenpracht entschädigen für den körperlichen Einsatz auf der Lavendelfarm.

Unten: Die Cottages, wie dieses in Rozel, sind immer wieder eine Augenweide (→ S. 64).

St. Brelade ■ C 7, S. 118

Der Pfarrbezirk im Südwesten der Insel, zu dem auch der touristisch bedeutsame Ort St. Aubin gehört, bietet einige schöne Strände in grün umsäumten Buchten sowie von felsigen Kaps aus weite Blicke bis St. Helier und über die gesamte St. Ouen's Bay. Deutsche Küstenbefestigungen aus dem Zweiten Weltkrieg sind hier überaus zahlreich.

Hotels/andere Unterkünfte

L'Horizon ■ C 8, S. 118
Das großzügige Strandhotel im Zentrum des Badeorts verfügt über Hallenbad und Sauna. Angeschlossen sind drei beliebte Restaurants.
St. Brelade's Bay; Tel. 74 31 01, Fax 74 62 69; www.hotellhorizon.com; 107 Zimmer ♿ ★★★/★★★★ AmEx DINERS EURO VISA

❗ MERIAN-Tipp

Old Court House Inn Der mittelalterliche Gerichtshof der Gemeinde ist heute ein Ort höchster Tafelfreuden und geselliger Trinkgelage – sprich: ein ausgezeichnetes Restaurant und ein uriges Pub. Hier gibt es noch das traditionelle »Pint of shrimps« (Krabben im Bierglas) und viele Arten Bier, die auf Jersey gebraut werden. An schönen Sommertagen können Getränke und Pub Grub auf der Terrasse am Hafen genossen werden (St. Aubin Harbour; Tel. 74 64 33; im Pub Lunch 12.30–14.30, Dinner 18–20 Uhr, im Restaurant Dinner ab 19.30 Uhr; Pub: ★ Restaurant: ★★★ AmEx DINERS EURO VISA).
■ D 8, S. 119

Panorama ■ D 8, S. 119
Guesthouse an einer ruhigen Straße; viele Zimmer verfügen über Meerblick. Opulentes Frühstück; Kinder erst ab 15 Jahren.
La Rue du Crocquet, St. Aubin; Tel. 74 24 29, Fax 74 59 40; www.panoramajersey.com; 17 Zimmer ★★ AmEx EURO VISA

Peterborough House ■ D 8, S. 119
Kleines Guesthouse – das Haus stammt von 1690 – im denkmalgeschützten Ortszentrum, eine Minute vom Hafen entfernt. Ruhig, Kinder ab 10 Jahren.
Rue du Croquet, St. Aubin; Tel. 74 15 68, Fax 74 67 87; 14 Zimmer ♿ ★★ EURO VISA

La Tour Hotel ■ D 8, S. 119
Hotel am oberen Ortsrand, fast alle Zimmer mit Meerblick; mehrere Zimmer mit Himmelbett. Gemütliche Bar, viele deutsche Gäste. Eigener Gästeparkplatz.
High St., St. Aubin; Tel. 74 37 70, Fax 74 71 43; 25 Zimmer ★★ EURO VISA

Sehenswertes

Beauport ■ BC 8, S. 118
Der kleinste Sandstrand der Südküste liegt in einer abgeschiedenen Bucht zwischen grünen Steilhängen und bizarren Felsen. Vom Parkplatz aus geht man fünf Minuten hinunter ans Wasser.
Vom Westende der St. Brelade's Bay knapp 1 km zu Fuß

La Corbière ■ A 8, S. 118
Das Kap an der Südwestspitze der Insel beherrscht ein klotziger Betonturm aus der deutschen Besatzungszeit, der heute als Sendestation für Jersey Radio genutzt wird. Dennoch ist der Ausblick grandios. Auf einem der Küste vorgelagerten Inselchen steht ein 1873 erbauter Leuchtturm, zu dem man bei Ebbe über einen aus dem Fels gehauenen Weg gelangt. Zum Kap La Corbière führt ein schö-

ner Fuß- und Radwanderweg, Ausgangspunkt ist St. Aubin (→ Corbière Walk, S. 96).
Bus 12

Jersey Lavender ■ C 7, S. 118
Seit 1983 baut Familie Christie auf ihrer 3,6 ha kleinen Farm am Ortsrand von St. Brelade 55 verschiedene Lavendelsorten an. Die Besucher können durch die Felder spazieren, die im Mai und Juni besonders schön blühen und etwa ab Mitte Juni abgeerntet werden. 100 kg Blüten ergeben 0,5–1 l reines Öl, das frühestens nach sechs Monaten weiterverarbeitet werden kann. In den kleinen Destillier- und Abfüllanlagen dokumentiert ein Video den Jahresablauf auf der Lavendelfarm. Der Laden am Eingang verführt sofort mit zarten und kräftigen Düften in Seifen, Lotionen oder kleinen Blütenkissen, während im **Tea Room** sogar Torten mit Lavendelblütchen neugierig machen.
Rue du Pont Marquet, St. Brelade;
Ende Mai–Ende Sept. Mo–Sa 10–17 Uhr;
Bus 12, 12A, 15

Noirmont Point ■ D 8, S. 119
Das Kap an der Südküste bietet den schönsten Blick auf die Portelet Bay und die weit geschwungene St. Aubin's Bay mit St. Helier im Hintergrund. Zugleich ist es eine Art Freilichtmuseum für schwere Waffen: Hier steht eine Reihe deutscher Bunker und schwerer Geschütze aus verschiedenen Epochen zwischen Ginster und Erika.
Bus 12

Portelet Bay ■ C 8, S. 118
Der Sandstrand an der Südküste ist von den Klippen aus nur zu Fuß erreichbar. Ihm vorgelagert ist das Felseneiland **Ile au Guerdain,** das den Wachturm Janvrin's Tomb aus der Zeit der napoleonischen Kriege trägt. Bei Ebbe kann man hinüberlaufen.
Bus 12

Shell Garden ■ C 8, S. 118
Aus einem privaten Hobby ist ein Park hervorgegangen, in dem Mauern und Statuen, Tore und Hausmodelle, Windmühlen und vieles mehr mit über einer Million Muscheln verziert sind. Stattliche 90 Prozent davon wurden auf den Kanalinseln gesammelt.
St. Aubin's Hill, St. Aubin; tgl. 9.30–17 Uhr, So Mittagspause 12–14.30 Uhr; Bus 12, 12A, 14, 15

St. Aubin ■ D 8, S. 119
Das schönste Städtchen der Insel klettert vom kleinen Hafen aus die dahinter liegenden Hänge empor. Kopfsteingepflasterte Gassen führen durch den Ort, dessen Zentrum jedoch die Hafenpromenade mit ihren Pubs und Restaurants ist. Das Hafenbecken fällt bei Ebbe völlig trocken. Dann erreicht man auch zu Fuß von der Mole aus in etwa zehn Minuten **St. Aubin's Fort,** eine kleine Festung auf einem Felseninselchen.
Bus 12, 12A, 14, 15

St. Brelade's Bay ■ D 8, S. 119
Der Badeort im Südwesten beeindruckt durch eine schöne Uferpromenade und einen breiten Sandstrand, den ein Steifen mit großen bunten Granitkieseln abschließt. Hier ist viel Platz für Wassersport aller Art. Exotische Blumen und Palmen geben der Bay ein mediterranes Flair und machen Laune, am Wasser entlang zu schlendern, zu baden oder sich kulinarisch verwöhnen zu lassen.

Essen und Trinken

Ker François ■ D 8, S. 119
Das Menü ist so echt französisch wie der Schnurrbart des Wirts, der aus der Bretagne stammt. Sehr beliebt bei den Einheimischen und daher immer gut besucht.
Le Mont Les Vaux, St. Aubin; Tel. 74 73 28;
Reservierung empfohlen ★★

Old Portelet Inn ■ C 8, S. 118
Das alte, ansprechend restaurierte Gasthaus aus dem Jahre 1606 liegt hoch über der charmanten Portelet Bay. Im Innern hat man die Wahl zwischen verschiedenen Bars auf zwei Etagen, zudem gibt es einige Plätze auf Terrasse und Balkon sowie reichlich Sitzgelegenheiten im Garten. Wenn es kühl wird, brennt das Feuer im Kamin. Typische Pub-Gerichte, abends häufig Livemusik.
Portelet Bay; Tel. 74 18 99 ★

Shapla ■ D 8, S. 119
Indisches Restaurant mit einer großen Auswahl an zwar immer gut gewürzten, aber nur auf Wunsch extrem scharfen Gerichten.
St. Aubin; Tel. 74 64 95; tgl. ab 18 Uhr ★★

Zanzibar M ■ C 8, S. 118
Gourmet-Küche mit afrikanischem Touch, exotisch geschmackvoll auch das Interieur. Herrliche Terrasse mit Meerblick.
St. Brelade's Bay (Ostende); Tel. 74 10 81; tgl. Lunch und Mo–Sa ab 19 Uhr ★★★

Wayside Cafe ■ C 8, S. 118
Ein schlichtes Strandcafé für Erfrischungsgetränke und Snacks.
St. Brelade's Bay, beim Tower; Mo–Sa bis ca. 21.30, So bis 18.30 Uhr ★

St. Clement

■ CD 12, S. 120/121

Der kleine Pfarrbezirk im Südosten ist vor allem entlang der Küstenstraße dicht besiedelt. Die Uferzone wird von den Einheimischen auch »Mondlandschaftsstrand« genannt, weil hier bei Niedrigwasser ein bizarres Felsenmeer aus dem Wasser auftaucht.

Sehenswertes

Samarès Manor ■ C 12, S. 120
Der Garten ist eine Pracht, aber das Herrenhaus rundet das Bild des typischen Gutsbesitzes erst ab. Bekannt ist vor allem der traditionelle Kräutergarten, nicht weniger sehenswert ein Japanischer Garten sowie der Taubenturm aus dem 11. Jh. Bei der etwa halbstündigen Führung durch das Anwesen erfährt man Interessantes über das Leben seiner Bewohner.

Zweimal täglich Vorführungen eines Falkners, der auch einen großen Uhu und Papageien zeigt. Beliebt bei Kindern sind die Fahrten mit der Pferdekutsche und das Handwerkszentrum. Café-Restaurant mit großer Terrasse am »herb garden«.
Inner Rd. der Grande Route de St. Clement; April–Mitte Okt. tgl. 10–17 Uhr, Führungen Manor House Mo–Sa 11.45, 12.30 und 14.30 Uhr; Bus 1A

Essen und Trinken

Green Island Restaurant ■ D 12, S. 121
Die edelste »Beachbar« auf den Kanalinseln – legeres Ambiente, vorzügliche Fischküche.
Auf der Höhe von Green Island kurze Stichstraße zum Meer von der Grande Route de la Cote; St. Clement; Tel. 85 77 87; Di–Sa 12–14.30 und 19–21.30 Uhr, So nur mittags; Reservierung empfohlen ★★/★★★

St. John ■ AB 9, S. 120

Nur zwei steinige Strandbuchten unterbrechen die Steilküste im zentralen Norden. **Bonne Nuit Bay** mit seinen bunten Booten und dem kleinen Café ist sicher einer der schönsten Fischerhäfen in Jersey (die Griffard Bay gehört bereits zur Gemeinde Trinity). Der Name hat historischen Bezug, denn König Charles II. soll hier während des Bürgerkriegs mit

Der Leuchtturm von La Corbière: wichtige Seemarke für die Schifffahrt vor der Südwestspitze von Jersey (→ S. 56).

den Worten »Bonne nuit, belle Jersey« das Schiff bestiegen haben, das ihn ins Exil nach Frankreich brachte.

Sehenswertes

Wolf's Caves ■ B 9, S. 120
Vom gleichnamigen Rand der Klippen führt ein steiler, schmaler Treppenweg hinunter ans Meer. Dort versteckten früher Schmuggler ihre Ware in zwei Höhlen. Um Plünderer fern zu halten, verbreiteten sie die Legende, es lebe dort ein Wolf. Die Landschaft ist reizvoll, der unsichere Weg aber nicht unbedingt lohnend.
Bus 4

St. Lawrence ■ AB 10, S. 120

Im Pfarrbezirk von St. Lawrence, der sich von der Inselmitte bis an die St. Aubin's Bay erstreckt, wird noch intensiv Landwirtschaft betrieben. Hier ist es besonders reizvoll, über die schmalen Country Roads zu wandern oder Rad zu fahren.

Sehenswertes

German Underground Hospital ■ A 11, S. 120
Das deutsche unterirdische Hospital ist die meistbesuchte Sehenswürdigkeit der Insel. Kaum ein britischer Urlauber lässt sich den Besuch entgehen. Ein Rundgang durch die Katakomben nationalsozialistischen Wahnsinns lässt mehr erschaudern als jeder Gruselfilm. In den Gängen informiert eine gute Dokumentation über die Besatzungsjahre, während andererseits der Kommerz mit den Memorabilien im Besucherzentrum eigentümlich berührt.

Die gesamte Anlage mit ihren kilometerlangen Stollen musste zwischen Oktober 1941 und Januar 1944 von einem Teil der 6000 auf die Insel verschleppten ausländischen Zwangsarbeiter, vor allem Russen und Spanier, unter unmenschlichen Bedingungen aus dem Fels gehauen werden. 43 900 Tonnen Gestein wurden bewegt, 6000 Kubikmeter Beton verbaut. Das Hospital war zur Aufnahme von 500 Verwundeten bestimmt. Ein Teil der Räumlichkeiten – Krankenzimmer, Apotheke oder Operationssaal – ist wieder eingerichtet wie früher. Andere Stollen zeigen Waffen, Orden, Fotos und andere Dokumente. Mehrere Videofilme informieren über die Geschichte der deutschen Besatzung. Die Stimmung der Zeit evozieren auch Marschmusik, Reden nationalsozialistischer Führer und Interviews mit Zeitzeugen von den Inseln. Angenehme Cafeteria mit Terrasse.
Meadowbank; März–Nov. tgl. 9.30–17.30 Uhr; Bus 8A

Waterworks Valley ■ B 10–11, S. 120
Auch vom Auto aus erlebt man die Schönheit des dicht bewaldeten »Tals der Wasserwerke« mit seinen efeuberankten Bäumen. Eine Straße schlängelt sich von Millbrook nahe der Uferstraße aus hindurch und passiert dabei auch die 1892 und 1908 angelegten kleinen Stauseen, die einen Teil der Insel mit Trinkwasser versorgen.
Zufahrt von der Küstenstraße A 2 aus beschildert; kein Busverkehr

Museum

Hamptonne Country Life Museum MM ■ B 10, S. 120
Wie die Gutsbesitzer und das Landvolk auf Jersey in den vergangenen 300 Jahren lebten, zeigt diese Museumsfarm, deren älteste Gebäudeteile noch aus dem 17. Jh. stammen. Sehr authentisch hat man das alte Mobiliar wieder zusammengestellt – in einem Essraum und auch in den Schlafgemächern. Eine informative Ausstellung in einem späteren Gebäude aus dem 19. Jh., dem

Syvret Building, klärt vor allem mit Fotos und Dokumenten über Strukturen und Probleme der Landwirtschaft auf Jersey auf. Auf dem Spielplatz können Kinder traditionelle Bautechniken ausprobieren; frei laufende Hühner und auf der Wiese grasende Jersey-Kühe erinnern an frühere Hofwirtschaft. Im Café gibt es inseltypische Gerichte und köstliche Kuchen.
Rue de la Patente; Ende März–Ende Okt. tgl. 10–17 Uhr; Bus Nr. 7 bis Three Oaks, von dort 1 km bzw. 15 Min. zu Fuß

Einkaufen

Jersey Goldsmiths – Lion Park
■ A 10, S. 120
Eine kleine Ausstellung von Schmuckstücken (Repliken) berühmter Persönlichkeiten begleitet die moderne Verkaufspräsentation funkelnder Pretiosen. Einige Gold- und Silberschmiede erklären auch ihre Arbeit. Im weitläufigen Parkgelände, durch das in der Nähe des Karpfenteichs Flamingos stolzieren, stehen auch die Gewächshäuser von **Flying Flowers**. Dies ist eine der größten Versandfirmen für Schnittblumen.
Lion Park; tgl. 9.30–17 Uhr; Bus 7, 7B

St. Martin & Grouville

■ D 10–11, S. 121

Da die Bezirksgrenze zwischen Gorey Pier und Gorey Village verläuft, wurden hier aus touristischen Gründen zwei Pfarrbezirke zusammengefasst. Ihr landschaftlich reizvolles Gebiet reicht also vom schönen Hafen **Rozel** an der Nordküste über das touristisch bedeutsame **Gorey** bis zur Südostspitze von La Rocque Harbour. Als Badeziel beliebt sind die Sandstrände an der St. Catherine's Bay, z. B. am Archirondel Tower. Wie viele andere hat dieser Martello Tower aus dem 18. Jh. eine unauffällige Landseite und eine für die Schifffahrt markante rot-weiße Seeseite.

Hotels/andere Unterkünfte

Beau Couperon ■ D 9/E 10, S. 121
Hotel in einer einstigen Festung aus napoleonischer Zeit, im Ortszentrum direkt am Wasser gelegen. Beheizbarer Pool und Plantschbecken im Innenhof, der auch Parkplatz für Hotelgäste ist. Beliebtes Restaurant.
Rozel Bay; Tel. 86 55 22, Fax 86 53 32; 36 Zimmer, auch Self-catering Apartments
★★ EURO VISA

Château La Chaire MM
■ D 9/E 10, S. 121
Ruhig in einem üppig grünen Tal gelegenes Hotel der Luxusklasse. Erbaut wurde es als Landsitz für einen Kurator der weltberühmten Londoner Kew Gardens, der hier 1841 eine Reihe exotischer Bäume und Gewächse pflanzte und die Grundlage für den bezaubernden Garten schuf. Elegantes Ambiente, exzellentes Restaurant.
Rozel Bay; Tel. 86 33 54, Fax 86 51 37; www.chateau-la-chair.co.uk; 14 Zimmer
★★★★ AmEx DINERS EURO VISA

Lavender Villa Hotel
■ E 11, S. 121
Familiäres ländliches Hotel nahe der Royal Bay of Grouville und dem Golfplatz. Pool; auf Wunsch Halbpension, keine Kinder unter 3 Jahren.
La Rue a Don, südl. von Gorey Village; Tel. 85 49 37, Fax 85 61 47; 21 Zimmer ♿
★/★★ EURO VISA

The Old Court House ■ E 11, S. 121
Modernes Hotel am Südrand von Gorey, zehn Gehminuten vom Hafen entfernt. Swimmingpool, Sauna und Solarium. Bushaltestelle in Richtung St. Helier direkt gegenüber dem Hotel; kostenloser Mietwagen bei einer Buchung von zwei Personen für mindestens vier Tage.
Gorey Village; Tel. 85 44 44, Fax 85 35 87; www.vikingtravel.co.uk; 58 Zimmer; nur April–Okt. ★★★ ♿ AmEx DINERS EURO VISA

Sehenswertes

Gorey ■ E 11, S. 121
Der Blick über den Hafen auf die mächtige Burganlage von Gorey, **Mont Orgueil Castle,** ist eines der beliebtesten Fotomotive der Jersey-Werbung. Der Ebbe und Flut ausgesetzte Hafen wird von einer geraden Reihe weißer, zwei- und dreigeschossiger Häuser gesäumt. Unmittelbar dahinter steigen mächtige Mauern und bloßer Fels zum nahezu fensterlosen, unbezwingbar wirkenden Bergfried der Festung auf, die sich schon seit dem 13. Jh. auf diesem Kap gegenüber der französischen Küste erhebt.

Die Hafenfront wird von Pubs, kleinen Hotels und Souvenirgeschäften gesäumt. Häuser und Pier stammen aus der Zeit um 1820. Einst war Gorey eine bedeutende Hafenstadt und ein Zentrum der Austernfischerei; heute lebt das Dorf vor allem vom Fremdenverkehr.

La Hougue Bie ■ D 11, S. 121
Der 14 m hohe Kulthügel von La Hougue Bie ist das älteste erhaltene Bauwerk der Kanalinseln. Er wurde während der Jungsteinzeit um 3500 v. Chr. aufgeschüttet. In seinem Innern fand man bei Ausgrabungen im Jahr 1924 ein 22 m langes **Ganggrab,** das besichtigt werden kann. Es ist aus über fünf Dutzend senkrecht stehenden, riesigen Steinplatten errichtet, die wiederum 16 gewaltige Decksteine mit bis zu 20 t Gewicht tragen. All diese Megalithen stammen aus verschiedenen Regionen des östlichen Inselteils und mussten von den Menschen der Steinzeit mühsam herbeitransportiert werden.

In der so genannten **Grabkammer** am Ende des langen Ganges fand man Skelettreste von sechs Toten; dennoch dürfte es sich bei der gesamten Anlage nicht um ein Grab, sondern um eine Kultstätte gehandelt haben. Auf dem Hügel steht eine Doppelkapelle. **Notre Dame de la Clarté** im Westen wurde im frühen 12. Jh. erbaut, die **Jerusalem-Kapelle** im Osten um 1520. Sie birgt zwei 1973 restaurierte Deckenfresken, die Erzengel darstellen. Nur noch schwach sind sie im Licht erkennbar (Schalter in der Kapelle).

Im Zweiten Weltkrieg legten die Deutschen auf dem Gelände einen Bunker an, der heute als **Museum** hergerichtet ist. Weitere Museumsräume auf dem Areal von La Hougue Bie erklären anschaulich die Geologie der Insel und informieren über die Geschichte der Landwirtschaft, etwa die Apfelkultur.
Grouville, nahe der Kreuzung B46/B28; Ostern–Anf. Nov. So–Do 10–17 Uhr; Bus 3A

Mont Orgueil Castle ■ E 11, S. 121
Die Burg war bis 1600 Sitz der Inselverwaltung und ihres Gouverneurs. Aus der Zeit um 1340 liegt ein Dokument vor, das zu ihrer Besatzung 136 Armbrustschützen und 117 Bogenschützen zählt. Mehrere Mauern sichern den **Unteren Burghof.** Um zum Mittleren Burghof vorzudringen, mussten vier durch Türme geschützte Tore durchschritten werden; nur über einen schmalen, stufenreichen Gang war von dort aus die zentrale Burg zugänglich. Da die Mauern größtenteils direkt auf dem Granitfels stehen, war es Feinden unmöglich, Tunnel unter den Mauern hindurch zu graben. An mehreren Stellen sind an Türmen und Toren noch Öffnungen sichtbar, durch die Pech, heißes Öl, Steine und Kot auf heranstürmende Feinde geschüttet werden konnten.

Im **Mittleren Burghof** und am Bergfried ist je eine schmucklose Kapelle mit Krypta erhalten; im **Bergfried** selbst werden heute Dokumente und Ausgrabungsfunde aus dem Burggelände ausgestellt. Mit lebensgroßen Puppen sind historische

Oben: Blumen gehören zu Jerseys Hauptexportartikeln.

Mitte: Die wunderbaren Strände haben St. Ouen berühmt gemacht – im Hinterland dominieren (Raps-) Felder (→ S. 65).

Unten: Das Rad der ehemaligen Wassermühle Moulin de Lecq aus dem 12. Jh. sorgt für die »Hintergrundmusik« zum Essen (→ S. 67).

Szenen aus der Geschichte der Burg dargestellt. 300 Stufen führen vom Pier auf das **Dach des Bergfrieds**, von dem aus man einen guten Rundblick hat. Ein zweiter Zugangsweg beginnt an der Straße zum **Verclut Point** und führt über das parkartige **Castle Green** zur Burg.
Gorey; Ostern–Ende Okt. tgl. 10–18 Uhr, letzter Einlass 17 Uhr, Nov.– Ostern 10 Uhr bis Sonnenuntergang; Bus 1

Rozel ■ D 9, S. 121
Das einzige historisch gewachsene Dorf an der Nordküste ist einer der schönsten Inselorte. Der Sandstrand ist zwar klein und mit Steinen durchsetzt, aber das Bild des engen Hafens mit seinen bunten Booten, den Cottages aus Granit und den farbenprächtigen Gärten lässt den kleinen Makel schnell vergessen.
Bus 3

Verclut Point ■ E 10, S. 121
Zur gleichen Zeit, als die Briten auf Alderney Braye Harbour für ihre Flotte anlegten, begann man mit dem Bau einer langen Mole an der Ostküste von Jersey, um den Kriegsschiffen der Königin einen tideunabhängigen Hafen bieten zu können. Als man die Arbeiten 1878 abbrach, war **St. Catherine's Breakwater** am Verclut Point 800 m lang. Heute ist die Mole ein schöner Spazierweg.
Bus 1B

Essen und Trinken

Barbeque-Centre ■ E 11, S. 121
Ein einfaches, auf Großbetrieb eingestelltes Gartenlokal. Umfangreich ist das Salatbuffet, das Fleisch- und Fischgerichte vom Grill ergänzt.
Gorey Coast Rd., Gorey; Mo–Sa 12–14.30 und 18–21.30, So 12–21.30 Uhr ★★

Castle Green Pub M ■ E 10, S. 121
Ein Pub gab es hier immer schon und deshalb ist das Lokal bei den Einheimischen gut eingeführt. Allerdings kommt man jetzt in das heiter und modern gestaltete blaue Haus auch wegen des hervorragenden Essens. Terrasse mit Burg- und Hafenblick (unter gleichem Management steht **The Beachhouse** am Gorey Pier).
Castle Green, Straße zum Verclut Point; Tel. 85 31 03; Pub: 11–23 Uhr, Lunch 12–14.30 Uhr, abends 19–21 Uhr, Mo geschl. ★★

Jersey Pottery The Garden Restaurant / Spinnakers Bar & Grill
→ MERIAN-Tipp, S. 18

The Secret Garden ■ E 11, S. 121
Café und Restaurant in einem Haus des 17. Jh. mit hübschem Garten. Englische Spezialitäten wie Scones oder als Nachspeise Brotpudding sowie natürlich Meeresfrüchte.
Gorey Common; Tel. 85 29 99; tgl. 10–17, abends 18.30–20.30 Uhr ★/★★

Village Bistro MM ■ E 11, S. 121
Ein renommiertes Gourmet-Restaurant mit französisch-mediterraner Note. Die wenigen Plätze im gemütlichen Innern wie auch im Garten sind immer schnell belegt.
Gorey Village; Tel. 85 34 29; Lunch 12–14 Uhr, abends 19 bis ca. 21.30 Uhr, Mo geschl. ★★/★★★

Einkaufen

Gourmet Delight Ltd ■ E 11, S. 121
Leckere Souvenirs – Jersey Fudge (heller Weichkaramell), perlender Cidre, Marmeladen (auch aus Großbritannien) und anderes lockt in den Regalen des Delikatessengeschäfts.
Gorey Pier; Mo–Sa 10–17.30, So 11–16.30 Uhr

Jersey Pottery ■ E 11, S. 121
Die größte Töpferei der Insel, in der etwa 200 verschiedene Keramikwaren handgeformt und -bemalt werden. Nach einem Rundgang durch die

Werkstatt (am Wochenende wird nicht gearbeitet) findet man im Laden vielleicht ein Mitbringsel. Nicht nur Kinder können in der Abteilung »Glaze Craze« auch selber Tongeschirr, das man vorher kauft, bemalen. Es wird innerhalb von vier Tagen gebrannt. Sämtliche Erzeugnisse der Töpferei werden nur hier sowie in eigenen Läden in St. Helier (43 Halkett Place; 1 Bond Street) verkauft.
Gorey Village; tgl. 9–17.30 Uhr; www.jerseypottery.com

The Jewellry Warehouse ■ E 11, S. 121
Ein Juweliergeschäft, in dem Ringe nach Ihren Vorstellungen binnen 48 Stunden gearbeitet werden.
Gorey Pier; Ende Mai–Anfang Sept. Mo–Sa 10–17.30 Uhr

St. Mary ■ CD 5, S. 118/119

Atemberaubende Steilküsten mit kaum zugänglichen Höhlen und schönem Klippenpfad gehören ebenso zu den Attraktionen dieses Pfarrbezirks wie landwirtschaftliche Betriebe, die der Öffentlichkeit zugänglich sind.

Sehenswertes

Devil's Hole ■ D 5, S. 119
Das »Loch des Teufels« ist ein 30 m tiefer Felsschlund, der sich zur See hin öffnet. Bei Flut und Nordwind wird die Brandung durch diesen Schlund bis zu den Besuchern hinaufgeschleudert. Kleines Pub.
Bus 7

La Mare Vineyards ■ D 5, S. 119
Dass Weinanbau auf den Inseln nichts Neues ist, erfährt man bei den Führungen, ferner Methoden der Cider- und Apple-Brandy-Produktion. Delikatessenladen. Kinder haben ihren Spaß mit kleinen Ponys.
Nördlich St. Mary's Village; Ende März bis Ende Okt. Mo–Sa 10–17 Uhr; Bus 7

St. Ouen ■ B 6, S. 118

Der große Pfarrbezirk im Nordwesten der Insel hat hervorragende Strände für jeden Geschmack zu bieten. Shopper kommen hier ebenso auf ihre Kosten wie Küstenwanderer, Naturliebhaber, Gourmets und Museumsfreunde.

Hotels/andere Unterkünfte

Des Pierres ■ B 5, S. 118
Kleine Familienpension unter deutschsprachiger Leitung; zwischen März und Oktober nur mit Halbpension.
Grève de Lecq, St. Ouen; Tel. 48 18 58, Fax 48 52 73; www.jerseyhols.com; 16 Zimmer ★/★★ EURO VISA

Sehenswertes

Grève de Lecq ■ C 5, S. 118
Der mit Felsen durchsetzte, feine Sandstrand an der Nordküste wird von einer Uferstraße gesäumt, an der sich zahlreiche Imbisslokale aneinander reihen. Schön ist der Blick auf die üppig grünen Hänge.
Bus 9

Grosnez Point ■ A 5, S. 118
Auf einem Felsplateau hoch über den Granitfelsen der Steilküste am nordwestlichsten Punkt der Insel stand spätestens seit 1373 eine mauerumgürtete Fliehburg, die aber bereits 1540 nur noch Ruine war. Die Mauer ist lediglich auf der Landseite erhalten, wo ein Graben die Anlage zusätzlich schützte.
Ständig frei zugänglich; Bus 8

Judith Queree's Garden ■ C 6, S. 118
Abseits des Blumenkommerzes ein traumhafter privater Cottage Garden, durch den die Besitzerin selbst führt. Nordöstlich von St. Ouen's Village. 3
Creux Baillot Cottage, Le Chemin des Garennes, Leoville; Tel. 48 21 91; Ostern bis

Sept. Mo–Mi 11–14 Uhr und andere Zeiten, immer nur nach telefon. Voranmeldung!
http://judith.queree.freewebspace.com

Kempt Tower
La Mielle de Morville ■ B 6, S. 118
Der 1834 errichtete Wachturm an der St. Ouen's Bay beherbergt eine kleine, kostenlose Ausstellung, die über die Natur in der umliegenden Dünenlandschaft **La Mielle de Morville** informiert. Hier erhält man auch Auskunft über Möglichkeiten zur **Vogelbeobachtung** und über **geführte Wanderungen** durch dieses Gebiet, in dem zwischen Mitte Mai und Mitte Juni auch blühende Orchideen zu finden sind. Zu den hier brütenden Vogelarten gehören Stockenten, Bless- und Teichhühner sowie Teichrohrsänger. Wenn man das ganze Dünengelände mit seinen Teichen heute sieht, mag man kaum glauben, dass es noch bis 1978 als Sandgrube und Müllkippe genutzt wurde – der einheimische Naturschutz hat hier viel geleistet.
Five Mile Rd., St. Ouen's Bay; Mai–Sept. Di–So 14–17 Uhr; Bus 12A

! MERIAN-Tipp

Battle of Flowers Museum
Ist man nicht am Tag der »Battle of Flowers« (→ MERIAN-Tipp, S. 105) auf den Inseln, gibt es hier die Möglichkeit, sich ein Bild von den kunstvollen Arrangements für die einzigartige Parade zu machen. Die heute über 80-jährige Florence Bechelet präsentiert ihre preisgekrönten Werke aus (in der Waschmaschine gefärbten) »harestails«, den haarigen Samenständen eines Sumpfgrases, die sie auf Drahtgestelle klebt. Zu sehen sind u.a. 101 Dalmatiner, Santa Claus im Rentierschlitten und viele exotische Tiere. La Robeline, Mont des Corvées; Mitte März–Mitte Okt. 10–17 Uhr; Bus 12 A, dann 1km zu Fuß. ■ B 6, S. 118

Plémont Bay ■ AB 5, S. 118
Die von einer Steilküste eingerahmte Bucht im Nordwesten von St. Ouen bietet bei Ebbe den vielleicht schönsten Inselstrand. Bei Flut ist von ihm jedoch nichts mehr zu sehen. Etwas erhöht über der Bucht gibt es ein kleines Café mit Sonnenterrasse.

St. Ouen's Bay ■ A 6, S. 118
Die Bucht, die fast die gesamte Westküste der Insel einnimmt, wird von einem breiten Sandstreifen gesäumt. Wegen des flachen Hinterlandes sicherten ihn die deutschen Besatzer auf ganzer Länge durch eine hohe Panzersperrmauer ab. Heute ist die Bucht ein Paradies für Brandungssurfer; auf dem langen Strand werden Strandseglerrennen ausgetragen.
Bus 12 A

St. Ouen's Manor ■ C 6, S. 118
Das wie eine Burg wirkende Herrenhaus, dessen älteste Teile aus dem Jahr 1483 stammen, kann leider nicht besichtigt werden. Von der Straße hat man jedoch einen Blick auf das Portal.
La Grande Route de St. Ouen; Bus 9

Museen

Channel Islands
Military Museum ■ B 6, S. 118
Eines von vielen Museen auf den Kanalinseln, die an die deutsche Besatzungszeit erinnern. Untergebracht ist es in einem deutschen Küstenbunker. Das Museum in St. Peter's Village (→ S. 68) ist allerdings interessanter.
Five Mile Rd.; April–Okt. tgl. 10–17 Uhr; Bus 12A

Grève de Lecq Barracks ■ C 5, S. 118
Am Klippenpfad oberhalb der Bucht Grève de Lecq steht eine Reihe kleiner Kasernengebäude aus der Zeit der napoleonischen Kriege, die vom National Trust restauriert wurden. Im Innern wird eine Ausstellung über die Natur der Klippen und Höhlen in Jerseys Norden gezeigt.
Grève de Lecq; Mai–Sept. Mo–Sa 11–17, So 14–17 Uhr; Bus 9

Treasures of the Earth ■ B 6, S. 118
Die Schätze der Erde, die hier ausgestellt werden, stammen aus dem Reich der Gesteine und Kristalle, und zwar aus aller Welt. Prunkstück ist ein riesiger, tonnenschwerer Amethyst. Mit **Mineralienladen** und Café.
L'Etacq; tgl. 9.30–17 Uhr; Bus 12 A

Essen und Trinken

Le Moulin de Lecq ■ C 5, S. 118
Das Wasserrad dieser 600 Jahre alten Mühle, die bis 1929 in Betrieb war, dreht sich noch immer unter dem Schwall eines Bachs. Sein Zahnradkranz ist in die Bar integriert. In den stimmungsvollen Räumen sowie im Garten des Mühlengebäudes schmeckt herzhaftes **pub grub**. Ein Ausflugslokal vieler Familien!
Grève de Lecq, Straße nach St. Mary's Village; Tel. 48 28 18; Essen tgl. 12–14.30 und 18–20 Uhr, sonst nur Drinks ★/★★

Einkaufen

Bouchet Agateware Pottery
Schmuck, Geschirr, Vasen, ja selbst Fingerhüte und Glocken fertigt Tony Bouchet aus mehrfarbig gebänderter Tonmasse, so dass man meint, ein kostbares Stück aus Achat oder anderen marmorierten Halbedelsteinen vor sich zu haben. Kurzvideo.
Haut du Forge, Rue des Marettes; tgl. 9–17 Uhr, Auskunft über die Ladenöffnung zwischen Mitte Nov. und Mitte Feb. Tel. 4 82 33 45 oder bei Jersey Tourism

Jersey Pearl ■ B 6, S. 118
Ein Megaschmuckladen mit Ausstellung rund um die schimmernden kostbaren Muschelprodukte, u. a. eine Kopie von Prinzessin Dianas perlenbesticktem Kleid.
Nordende Five Mile Rd.; tgl. 10–17.30 Uhr; Bus 12A

Jersey Woollen Mills ■ AB 6, S. 118
Ein paar Schriftstücke erzählen Fakten über die Tradition des Strickens auf der Insel, und in einem Nebenraum rattert noch eine Strickmaschine. Die dichten, warmen Wollpullover – im Englischen ist der »jersey« schon lange ein Synonym für Pullover an sich geworden – leuchten in Weiß, Rot, Tannengrün und Marineblau in den Regalen. Der echte Jersey fühlt sich etwas hart an und riecht ein wenig nach Öl – und ist garantiert Wasser abweisend. Der große Shop verkauft daneben viele andere Strickwaren aus Mischgewebe sowie Freizeitkleidung.
Five Mile Rd., St. Ouen's Bay; Mo–Sa 9.30–17.30, So, Fei 10–17 Uhr; Bus 12 A

St. Peter ■ C 6, S. 118

St. Peter ist der größte Binnenort der Insel; er schöpft seine Wirtschaftskraft aus dem nahen Flughafen. Die landschaftlich reizvollsten Teile des Bezirks sind das St. Peter's Valley und der mittlere Bereich der St. Ouen's Bay.

Hotels/andere Unterkünfte

Green Hills Country Hotel & Restaurant MM ■ D 7, S. 119
Der Ort, um sich in ländlicher Idylle verwöhnen zu lassen. Romantischer Blumenhof zwischen alten Granitgebäuden, kleiner Pool; perfekter Service. Täglich Marktküche mit Raffinement.
St. Peter's Valley; Tel. 48 10 42, Fax 48 53 22; www.jerseyhols.com ★★★ EURO VISA

Sehenswertes

The Living Legend ■ D 6, S. 119
Die »Lebende Legende« ist eine typisch britische Mischung aus Souvenirshops, Imbissrestaurants, Unterhaltung für Kinder in einem Playground und im Adventure Golf Course, ergänzt um eine spektakuläre **Audiovisionsschau »Jersey Experience«**. Auf der Piazza werden die Jüngsten zeitweilig von Clowns, Zauberern und Artisten unterhalten.

Der eigentliche Clou ist die Multimedia-Show, die auf Englisch und über Kopfhörer auch in anderen Sprachen (u.a. Deutsch) präsentiert wird. Mit Hilfe von spannenden Trickeffekten werden die Zuschauer in Jerseys Vergangenheit einbezogen. Zunächst durchschreitet man einige Museumsräume, in denen örtliche Legenden, aber auch Sitten und Gebräuche erklärt werden. Dann betritt man ein effektvoll als Art Höhle gestaltetes Auditorium, in dem die Geschichte der Insel mit Dias und Filmaufnahmen erzählt wird. Donner und Blitz, eine Windmaschine, das Getöse eines ausbrechenden Vulkans und andere Spezialeffekte untermalen das Dargebotene 22 Minuten lang, bis sich die Türen automatisch zum Souvenirshop öffnen. Immerhin 500 000 Besucher jährlich finden an diesem dreidimensionalen Spektakel Gefallen.
The Grange, La Rue du Petit Aleval; April–Okt. tgl. 9–17 Uhr, März und Nov. Mo–Mi, Sa, So 10–17 Uhr; Bus 8A

St. Peter's Valley ■ D 7, S. 119
Unter dem landschaftlich reizvollen, dicht bewaldeten Tal mussten Zwangsarbeiter im Zweiten Weltkrieg zahlreiche Tunnel graben, die den deutschen Truppen als Munitionslager dienten. Davon ist heute nichts mehr zu sehen. Besichtigt werden kann hingegen **Le Moulin de Quétivel**, eine restaurierte, wieder voll funktionstüchtige Wassermühle aus dem 17. Jh. Eine Ausstellung und ein Video informieren über die Geschichte des Mühlenwesens und die Arbeit des Müllers. An manchen Tagen kann man zusehen, wie das Steinwerk aus Getreidekörnern Vollkornmehl mahlt, und hier gebackenes Brot kaufen.
An der Abzweigung von der A11 zum Flughafen; Mai–Okt. Di–Do 10–16 Uhr; Bus 8

St. Peter's Village ■ C 6, S. 118
Schon von weitem sichtbar ist der Kirchturm der Petrus geweihten **Pfarrkirche**, mit 36 m der höchste der Insel. Historischer Kern der Kirche ist die 1066 gegründete Kapelle mit ihren über einen Meter dicken Steinwänden.

St. Peter's Bunker liegt ebenfalls im Stadtzentrum. Die »Führerreden« und deutsche Marschmusik erwecken eine noch beklemmendere Atmosphäre, als man sie im **Underground Hospital** wahrnimmt. Er wurde im Jahr 1942 angelegt; in ihm lebten einst 33 Soldaten.

Essen und Trinken

Big Vern's Diner ■ C 5, S. 118
Ein legeres Lokal – die willkommene Stärkung für Surfer und Beachfans. Schöner Blick auf die Bay.
La Grande Route des Mielles, gegenüber dem Pond; Tel. 48 17 05; tgl. Frühstück, Lunch, Abendessen bis 20.30 Uhr ★

The Star & Tipsy Toad ■ C 6, S. 118
Geräumige Kneipe mitten im Ort. Die hauseigene Brauerei befindet sich im Nebengebäude. Deftige Gerichte in großen Portionen sind die richtige Grundlage, um das hausgebraute Bitter zu probieren. Sonntags keine Küche. An Wochenenden Livemusik.
St. Peter's Village; Tel. 48 55 56 ★

Windmill Inn ■ C 6, S. 118
Ein stimmungsvolles Pub und Restaurant in den Nebengebäuden einer alten Windmühle, die von 1837 bis

1911 in Betrieb war. Der weiße Mühlenstumpf (13 m) steht noch, die Flügel allerdings fehlen. Im tennenartigen Pub hängen alte Utensilien der Landwirtschaft als Dekoration, während das Restaurant sehr viel eleganter ist. Bei schönem Wetter sitzen die Gäste gerne im Garten.
An der B 53 zwischen St. Ouen und St. Mary; Tel. 48 15 10; Pub: Lunch tgl. 12–14 Uhr, Dinner Mo–Sa 18–20 Uhr; Restaurant Mo–Sa nur abends; Pub: ★ Restaurant: ★★

St. Saviour ■ CD 11, S. 120/121

Lediglich im Osten von St. Helier besitzt dieser Pfarrbezirk ein kurzes Stückchen dicht besiedelter Küste. Im Hinterland allerdings bestimmen Landwirtschaft und Gartenbaubetriebe seinen Charakter.

Hotels/andere Unterkünfte

Longueville Manor MM
■ C 12, S. 120
Das beste Hotel der Insel liegt in einem bewaldeten Tal, das Teil des
9 alten Besitzes ist. Einige Gebäudetrakte des vor 45 Jahren zum Hotel umgewandelten historischen Herrenhauses stammen aus dem 13. Jh.

Alle Zimmer und Suiten tragen die Namen von Rosen. Die Einrichtung der Zimmer ist individuell und reicht von kostbaren Antiquitäten bis zu geschmackvoll modernem Design.

Zu den Annehmlichkeiten gehören ein beheizter Pool im Freien und eines der besten Restaurants der Insel. Hier können die Gäste à la carte dinieren oder das Degustationsmenü wählen. Schon zum Frühstück verwöhnt die Küche nicht nur mit einer Auswahl nach bester englischer Manier, sondern bereits mit Fisch oder auch einem kleinen Steak.
Longueville Road; Tel. 72 55 01, Fax 73 16 13; 28 Zimmer, 2 Suiten ★★★★ AmEx DINERS EURO VISA

Trinity ■ C 10, S. 120

Der nur an der (von Tauchern geschätzten) Bouley Bay und am Jersey Zoo von Urlaubern viel besuchte Pfarrbezirk gibt Gelegenheit zu ausgiebigen Spaziergängen oder gemächlichen Fahrten durch eine landwirtschaftlich genutzte Region.

Sehenswertes

Eric Young Orchid Foundation
■ C 10, S. 120
Wahre Pracht der Farben und Blüten: In speziellen Gewächshäusern werden Hunderte Orchideenarten gezüchtet und ausgestellt.
Victoria Village; Mi–Sa 10–16 Uhr; Bus 3B

Jersey Zoo ■ D 10, S. 121
Gerald Durrell, Bruder des berühmten britischen Romanciers Lawrence Durrell und selbst vielfacher Buchautor und Tierfilmer für die BBC, 4
gründete diesen Zoo vor über 30 Jahren mit zumeist selbst gefangenen Tieren. Er wollte der Welt zeigen, wie ein vorbildlicher Zoo auszusehen hat.

In einer schon für sich genommen sehenswerten Parklandschaft werden vor allem vom Aussterben bedrohte Tierarten gehalten und weitergezüchtet. Lieblinge der Insulaner sind die Gorillas und Orang-Utans. Zu den Raritäten des Zoos gehören auch madagassische Lemuren, Schneeleoparden sowie Reptilienarten, deren Fortbestand auf Mauritius gefährdet ist. Zooführung in Englisch.
Les Augrès Manor; auch Restaurant; tgl. 9.30–18 Uhr (im Winter bis zur Dämmerung); Bus 3A, 3B, 8B und 23

Pallot Steam Museum
■ C 10, S. 120
Eine Privatsammlung ausgedienter Dampfloks und landwirtschaftlicher Geräte. Manchmal Dampflokfahrten.
Rue de Bechet; April–Okt. Mo–Sa 10–17 Uhr; Bus 5

Europas letzter Feudalstaat ist nicht nur ein politisches Kuriosum, sondern auch ein ideales Urlaubsziel für Ruhe Suchende. Selbst ein Tagesausflug dorthin lohnt sich.

Sark

580 Einwohner
Karte → S. 71

Gut 11 km östlich von Guernsey und 20 km nördlich von Jersey liegt der kleinste unabhängige Staat im Besitz der britischen Krone. Die 5 km lange und 2 km breite Insel wird auch heute noch wie ein mittelalterlicher Staat regiert: Das schriftlich nicht fixierte Gewohnheitsrecht stammt aus der Zeit der Normannen.

Herr der Insel ist der **Seigneur**. Das Inselparlament, **Chief Pleas** genannt, bilden die Eigentümer der 40 Ländereien, in die Sark seit mehr als 400 Jahren unterteilt ist, sowie zwölf Abgeordnete, die von der Inselbevölkerung alle drei Jahre gewählt werden. Der Seigneur kann Gesetze nicht verhindern, ihr Inkrafttreten durch sein Veto aber verzögern. Letztlich müssen sie je nach ihrer Bedeutung entweder von den Vertretern der Krone auf Guernsey oder dem Privy Council, dem Kronrat in London, gebilligt werden. Das Parlament setzt verschiedene Beamte ein, darunter alljährlich einen **Constable** (Polizist) und seinen designierten Nachfolger, den **Vingtenier**.

Sark obliegt seiner eigenen Steuergesetzgebung, und alle Ausgaben müssen von der Insel selbst finanziert werden. Trotz niedriger Steuersätze reichen die Einnahmen aus, um über die alltäglichen Notwendigkeiten hinaus jungen Leuten ein Studium in England zu finanzieren oder die Straßen in Stand zu halten. Eine Sozialgesetzgebung fehlt; es gibt weder Krankenkasse noch Arbeitslosenversicherung. Wie im Mittelalter gilt das Prinzip gegenseitiger Hilfe: So erhalten bedürftige Senioren eine wöchentliche Rente vom Staat.

Wichtigste Einnahmequellen sind die Hafengebühren für Besucher sowie die Steuern auf Alkoholika und Tabakwaren. Bedeutendster Wirtschaftszweig ist der Tourismus.

Wie auf Herm sind Autos von Sark verbannt. Für Urlauber stehen nahezu 1200 Fahrräder zur Verfügung, die für eine Inselbesichtigung das ideale Verkehrsmittel darstellen. Außerdem kann man an Kutschrundfahrten teilnehmen oder Kutschen individuell mieten.

Hotels/andere Unterkünfte

Ein gutes Dutzend privater Vermieter bietet Zimmer und Ferienwohnungen mit Platz für zwei bis acht Personen an. Informationen vermittelt das **Sark Tourism Office**.

Aval du Creux ■ c 2
Modernes Outfit, alter Kern; schöne Terrasse, Pool.
Harbour Hill; Tel. 83 20 36, Fax 83 23 68; 20 Zimmer ★★★ EURO VISA

Dixcart Hotel M ■ b 3
Romantisches Hotel in einem Gebäude aus dem 16. Jh. und mitten in einem grünen Tal nahe der zum Baden geeigneten Dixcart Bay.
Tel. 83 20 15, Fax 83 21 64; 15 Zimmer ★★/★★★ EURO VISA

Hotel Petit Champ ■ b 2
Sehr familiär geführt, modern aber behaglich. Feine Küche.
Tel. 83 20 46, Fax 83 24 69; 10 Zimmer
★★★ EURO VISA

La Sablonnerie MM ■ b 4
Bestes Inselhotel in einem alten Farmhaus auf Little Sark.
Tel. 83 20 61, Fax 83 24 08; 22 Zimmer ♿
★★/★★★★ AmEx DINERS EURO VISA

Stocks Island Hotel ■ c 2
Das rustikale Hotel in einem umgebauten Bauernhaus von 1741 bietet alle Annehmlichkeiten. Beheizter Pool, zwei Restaurants.
Tel. 83 20 01, Fax 83 21 30; 20 Zimmer ♿
★★/★★★★ EURO VISA

Spaziergang

Wer kein Fahrrad mieten möchte, kann vom Inseldorf aus in etwa zehn Minuten durch die Hauptstraße **The Avenue** und an der Inselkirche vorbei zum Herrenhaus **La Seigneurie** spazieren. Weiter nach Norden zu wandern lohnt für Tagesbesucher nicht, da **Little Sark** im Süden sehr viel reiz-

voller ist. Um dorthin zu gelangen, kann man sich auch einer Kutschfahrt anschließen.

Sehenswertes

La Coupée ■ b 3
Nur ein schmaler Felsgrat 78 m über dem Meer verbindet Sark mit seinem
1 südlichen Anhängsel **Little Sark**. Der viel fotografierte, durch Geländer gesicherte, 90 m lange Fahrweg wurde nach dem Zweiten Weltkrieg von deutschen Kriegsgefangenen angelegt. Vom Nordende aus führen Stufen hinunter zu der häufig von Seglern besuchten Bucht **La Grande Grève** mit schönem Strand.

Jail ■ c 2
Das 1856 erbaute Gefängnis mit seinen beiden Zellen steht fast immer leer. Im Ernstfall dürfen Gesetzesbrecher hier aber bis zu 48 Stunden lang eingesperrt werden.
The Avenue

Little Sark ■ b 3
Die nur über den Felsgrat von **La Coupée** erreichbare Halbinsel wird lediglich als Weideland genutzt. Biegt man vom Hauptweg unmittelbar hinter dem Hotel **La Sablonnerie** links ab, kommt man zu den ehemaligen Silberminen und von dort aus über einen Klippenpfad zum **Venus Pool**. Nur bei Ebbe ist das natürliche Felsbadebecken gut erkennbar.

La Seigneurie ■ b 2
Der jeweilige Seigneur von Sark wohnt seit 1730 in dem Herrenhaus, das an der Stelle eines Klosters aus dem 6. Jh. entstand. Die ältesten Gebäudeteile sind mehr als 450 Jahre alt; der auffällige Turm wurde jedoch erst 1854 erbaut. Berühmt sind die einzigartigen blühenden Gärten.
Keine Innenbesichtigung; Gärten: Ostern bis Okt. Mo–Fr 10–17 Uhr; Juli, Aug. auch Sa 10–17 Uhr

Essen und Trinken

Alle bereits genannten **Hotels** verfügen auch über beste Restaurants.

Fleur du Jardin ■ c 2
Gartenlokal für leichte Gerichte. Auch Fish&Chips-Takeaway.
The Avenue ★

La Moinerie Restaurant & Hotel ■ b 2
Hervorragende Küche in einem Farmhaus aus dem Jahr 1728 in einem bewaldeten Tal. Als Spezialität werden fangfrischer Hummer und Jakobsmuscheln aufgetischt.
Tel. 83 20 89; 6 Zimmer ★★★

Sue Guilles Tea Garden ■ b 3
Leichter Mittagsimbiss und verführerische Kuchen und Scones zum Cream Tea; schmucker Garten.
An der Straße nach Little Sark ★

Einkaufen

Caragh Chocolates ■ b 3
Zum Dahinschmelzen köstliche handgemachte Pralinen.
Plaisance; www.caraghchocolates.sark.net

Am Abend

Improvisierte Disko im **Mermaid Inn**.
Di, Fr, Sa ab 21 Uhr bis Mitternacht

Service

Auskunft
Sark Tourism Office ■ c 2
Harbour Hill; Tel. 83 23 45, Fax 83 24 83; www.sark.info, www.sark.gov.gg

Nachbarinsel Brecqhou

Das von Sark nur durch die 70 m breite Gouliot Passage getrennte Inselchen ist in Privatbesitz und darf nicht betreten werden.

Oben: Die einfachen Boote haben ausgedient, doch nach wie vor fahren Sarks Fischer zur See, um für Hummer, Krebse und Fische Reusen oder Netze auszulegen.

Mitte: Nur ein schmaler Felsgrat, La Coupée, verbindet Little Sark mit der Hauptinsel. Selbst Radfahrer müssen hier absteigen und schieben.

Unten: Einer der schönsten Gärten der Channel Islands gehört zur Seigneurie, der Residenz des »Herrn von Sark«.

Extra: Sport und Strände

Die Briten machen auf den Kanalinseln überwiegend Badeurlaub, denn bis auf Sark haben alle übrigen größeren Inseln schöne Sand- und Kiesstrände. An vielen Küstenabschnitten werden Liegestühle und Windschutzplanen für wenig Geld vermietet. Da die Entfernungen kurz und fast rund um die Inseln Strände zu finden sind, sollte man – genau wie die Insulaner – die windabgekehrten Strände aufsuchen.

Die Insulaner sind absolut sportbegeistert – und Wind und Meer sind die beiden wesentlichen Elemente, die alle Sportaktivitäten auf den Channel Islands bestimmen.

Golf ist ein Volkssport, der ohne große Aufnahmeformalitäten und zu (meist) günstigen Preisen ausgeübt werden kann. Vor allem die Jugendlichen betreiben viele Arten von Wassersport, und auswärtige Gäste sind immer willkommen. Aber auch auf dem Land bleibt kaum ein Sportwunsch unerfüllt: Es gibt sogar Kletterfelsen für Alpinisten. Das Angeln im Hafen oder im Meer ist auf allen Inseln kostenlos, Angelausrüster sind zahlreich.

Auch passive Sportenthusiasten kommen auf den Inseln auf ihre Kosten. Auf Jersey finden regelmäßig **Pferderennen** und **Rugbyspiele** statt. Wer den britischen Nationalsport **Kricket** kennen lernen möchte, hat dazu auf den drei größeren Inseln Gelegenheit.

Jachthafen von St. Peter Port, Guernsey

Golf

Golfplätze gibt es auf Alderney (9-Loch), Guernsey (ein 9-Loch-, zwei 18-Loch-Plätze) und Jersey (drei 18-, drei 9-Loch-Plätze).

Hochseeangeln

Charterboote mit erfahrenem Skipper können auf den drei größeren Inseln gemietet werden. Sehr beliebt ist das Angeln über den zahlreichen Wracks, die vor der Küste liegen.

Pferderennen

Neun Renntage zwischen Ostern und Ende August auf dem **Les Landes Racecourse** (St. Ouen, Jersey, Tel. 86 34 84).

Informationen der British Show Jumping Association (mit Link für Guernsey): www.bsjajersey.co.uk.

Rad fahren

Jersey eignet sich ausgezeichnet für Radtouren, die Insel erschließen markierte Routen verschiedener Schwierigkeitsgrade, von gemütlich bis sportlich. Teilweise führen sie über die Green Lanes (→ MERIAN-Tipp, S. 102). Jersey Tourism verkauft eine **Radwanderkarte** im Büro in St. Helier und veranstaltet **geführte Radtouren** für Urlauber mit eigenen Rädern.

Auch auf Guernsey gibt es rund um die Insel markierte Radrouten (und Publikationen), wenn auch streckenweise auf viel befahrenen Straßen. Adressen von Fahrradvermietern erhält man über die Tourist Information.

Reiten

Vier Reitställe auf Jersey und drei auf Guernsey bieten Reitunterricht und begleitete Ausritte an.

! MERIAN-Tipp

Flugstunde auf Probe Motorflugschulen auf Jersey und Guernsey offerieren nicht nur Ferienkurse zur Erlangung der PPL-Lizenz, sondern auch Probestunden, die Interessenten Gelegenheit geben, während eines etwa halbstündigen Fluges einmal selbst den Steuerknüppel einer einmotorigen Propellermaschine in die Hand zu nehmen. Nur die Landung überlässt man besser dem erfahrenen Piloten. Preis pro halbe Stunde Flug für den Schüler £ 50, eine weitere Person ca. £ 10. Guernsey Aero Club, Flughafen, Tel. 0 14 81/6 52 54; Jersey Aero Club, Flughafen, Tel. 0 15 34/74 39 90.

Extra: Sport und Strände

Segeln

Segeljachten mit Skipper vermitteln: **David Nicolle** (La Colombelle, Rue du Hamel, Castel, Guernsey, Tel. 26 49 26, Fax 26 64 58); **Jersey Yacht Charters** (Marina, St. Helier, Jersey, Tel. 88 81 00, auch Kurse).

Squash

Courts findet man im **King's Leisure Centre** und im **Beau Sejour Centre,** St. Peter Port; im **Fort Regent,** St. Helier; im **Arsenal,** Alderney.

Surfen – Windsurfen

Jersey Surfing School, Watersplash, St. Ouen's Bay, Tel. 48 40 05, **Atlantic Waves School of Surfing,** Le Port, St. Ouen's, Tel. 86 54 92. **Sands Surf & Sail,** St. Ouen's Bay, Tel. 48 37 07. Windsurfer kommen in St. Brelade und St. Aubin auf ihre Kosten. **St. Brelade's Windsurfing Centre,** St. Brelade's Bay, Tel. 85 32 50. Auf Guernsey sind die Pembroke Bay im Norden (**Sail & Surf,** 24 Commercial Arc., St. Peter Port, Tel. 71 26 21) sowie die Westküste (**Nautifun,** Ladies Bay, Gde. Havre, Tel. 24 66 90) das Mekka der Windsurfer.

Tauchen

Sark und Bouley Bay auf Jersey, wo sogar ein **Underwater Nature Trail** eingerichtet wurde, gelten als die interessantesten Stellen.

Tauchunterricht erteilen u.a. **Bouley Bay Dive Centre** (Bouley Bay, Jersey, Tel. 86 69 90, www.scubadivingjersey.com), **Sarnia Skin Divers** (Castle Emplacement, St. Peter Port, Tel. 72 28 84), **Dive Guernsey** (Havelet Bay, St. Peter Port, Tel. 71 45 25) und **Island Divers** (Picquet House, St. Peter Port, Tel. 26 69 49).

Dive Sark (L'Etoile du Nord, Sark, Tel. 83 25 65 bzw. 0 77 81-10 60 65, E-Mail: andy@sarkci.com).

Tennis

Wer kein Hotel mit Tennisplatz gebucht hat, kann auf Jersey auf einem der 16 Hartplätze der **Jersey Recreation Grounds**, Grève d'Azette, oder auf den elf Plätzen des **Caesarean Lawn Tennis Club**, St. Helier, spielen.

Auf Guernsey stehen die Plätze des **Beau Sejour Centre**, St. Peter Port, Besuchern offen, auf Alderney die vier Plätze des **Alderney Tennis Club**, Platte Saline.

Wandern

Die geringe Größe der Inseln und der zuverlässige Busverkehr machen das Wandern zu einem unkomplizierten Vergnügen. Kartenmaterial und Literatur ist u. a. bei den Verkehrsämtern reichlich verfügbar, die außerdem kostenlose Touren anbieten. Vorsicht ist auf den von hohen Wällen oder Hecken begrenzten Sträßchen geboten, da die Autos die Kurven bisweilen sehr eng nehmen.

Lange Sandstrände oder stille Buchten zwischen Felsen: Wo auch immer Sie auf den Kanalinseln unterwegs sind – Badegelegenheiten wie hier bei Gorey auf Jersey finden Sie zuhauf.

Wasserski – Kanufahren

Verleih von Kanus, Wasserskiern und Banana-Booten bei **Gorey Watersports**, Grouville Bay, Tel. 74 50 40, oder bei **Surf & Sun Watersports**, St. Brelade's Bay, Tel. 0 77 97/73 64 11.

Strände

Alderney
Alle Strände liegen im Ostteil der Insel zwischen Braye Harbour und Longis Bay. Mit Auto oder Fahrrad kommt man problemlos hin.

Guernsey
Eine Kette langer, gut zugänglicher Sandstrände erstreckt sich entlang der flachen Nord- und Westküste. Landschaftlich reizvoller sind die kleinen Sand- und Kiesstrände an der Steilküste zwischen **Fermain Bay** und **Portelet Bay** (nur Fußwege).

Herm
Im Norden der Insel säumen lange Sandstrände die West-, Nord- und Ostküste. Sie sind alle auf nahezu ebenen Fußwegen zu erreichen.

Jersey
Nahezu die gesamte West- und Ostküste ist ein einziger langer Sandstrand, den die Küstenstraße säumt. Überaus populär ist **St. Brelade's Bay** im Süden. Landschaftlich besonders reizvoll sind die wenigen Sandsicheln zwischen den Klippen im Norden.

Sark
Die wenigen Sand- und Kiesbuchten sind teils nur vom Boot aus, zum Teil über steile Abstiege zugänglich.

Extra: Kanalinseln mit Kindern

Viele Inselstrände sind ideal für Kinder. Der Sand lädt zum Burgenbauen ein, und der ständige Wechsel von Ebbe und Flut hinterlässt immer reichlich Muscheln und Krebse; oder in kleinen Felspools sind Schnecken und interessante Algen zu beobachten. Meist fällt das Ufer so flach ab, dass auch die Kleinsten gefahrlos baden können.

Viele Hotels und Pensionen bieten Familienzimmer an, in denen bis zu vier Personen schlafen können. Für kleine Kinder gibt es abends oft vorgezogene Essenszeiten; Kinderstühle und Babybetten stehen fast überall zur Verfügung. Babysitter vermittelt die Rezeption. Wer für seinen Mietwagen einen Kindersitz braucht, sollte das rechtzeitig voranmelden.

Halbe Portionen

In Restaurants werden neben Kindertellern häufig auch alle übrigen Gerichte als halbe Portionen serviert. Die Lieblingsspeise der meisten Kinder wird in diesem Dorado für Pommes-frites-Liebhaber ohnehin überall angeboten. Anders als in weiten Teilen Großbritanniens sind auf den Kanalinseln Kinder in den meisten Pubs willkommen. Nur auf Guernsey verwehren Pubs häufig Jugendlichen unter 18 Jahren den Zutritt, wenn keine Erwachsenen dabei sind.

Für britische Urlauber sind die Kanalinseln schon lange ein klassisches Familienreiseziel. Aus gutem Grund: Man ist hier vorbildlich auf kleine Gäste eingestellt.

Für Abwechslung ist gesorgt

Ausflugsziele für Familien gibt es auf den Kanalinseln in Hülle und Fülle. Ebenso interessant wie der **Zoo** oder die Falkner-Vorführung in **Samarès Manor** auf Jersey ist das **Hamptonne Country Life Museum** auf Guernsey. Im **Mont Orgueil Castle** in Gorey, Jersey, sowie im **Castle Cornet** in St. Peter Port bzw. im **Folkmuseum** im Saumarez Park auf Guernsey machen mit lebensgroßen Puppen nachgestellte Szenen Geschichte lebendig.

In die steinzeitlichen Ganggräber von **La Hougue Bie** auf Jersey und **Dehus-Dolmen** auf Guernsey einzusteigen kann für Kinder wie ein Höhlenabenteuer sein.

Einige eindrucksvolle Dampfloks zeigt das **Pallot Steam Museum** in Trinity, und eine lustige Kleinbahn kurvt durch den Park des **Sausmarez Manor** auf Guernsey.

Ob man Kindern einen Besuch in einem der zahlreichen Museen zumuten will, die an die Zeit der deutschen Besatzer erinnern, muss jede Familie selbst entscheiden: Ähnlich anschauliche Sammlungen jenes düsteren Kapitels deutscher Geschichte findet man aber in Deutschland nirgends.

Interessante Verkehrsmittel

Auf den Kanalinseln gibt es einige für Kinder besonders spannende Fortbewegungsmittel. Auf Guernsey und Alderney kann man eine Fahrt mit dem offenen **Doppeldeckerbus** unternehmen, auf Sark eine Fahrt mit der **Pferdekutsche.**

»Puddleduckferry« heißt auf Jersey das gelbe **Amphibienfahrzeug,** das bei Ebbe Passagiere von St. Helier hinüber zum Fort Elizabeth bringt.

Auf Alderney zuckeln alte Londoner **U-Bahn-Waggons** über fast 150 Jahre alte Gleise.

Spannend für Kinder: Die Vorführungen mit Greifvögeln und einem Uhu im Park von Samarès Manor.

MERIAN-Tipp

La Barbarie Hotel & Self Catering Apartments auf Guernsey In dieser kleinen Ferienanlage in ländlicher Umgebung kann man die Unabhängigkeit eines Apartments ideal mit Annehmlichkeiten und Atmosphäre eines traditionellen Hotels verbinden. La Barbarie bietet Familienzimmer in dem jahrhundertealten Landhaus sowie schlichte Apartments in einem Neubau. Der kleine Pool liegt geschützt im gepflegten Hotelgarten, der Strand in der Saints Bay ist nur zehn Gehminuten entfernt. Sehr beliebtes Restaurant (St. Martin, Tel. 04181/23 52 17, Fax 23 52 08, 23 Zimmer, 10 Apartments, ★★ EURO VISA). ■ E 4, S. 117

Grüne Felsenpulte, auf Jersey sanft nach Süden, auf Guernsey nach Norden geneigt, laden zu Entdeckungen ein. Zu Fuß erschließt sich Herm, per Fahrrad Sarks herbschöne Szenerie.

La Bette zählt zu den wunderschönen einsamen Buchten an Guernseys Südküste, die nur über eine kurze Wanderung auf dem Küstenpfad erreichbar sind (→ S. 92).

Tagestour auf Guernsey

Eine Guernsey-Rundfahrt braucht mehr Zeit, als man beim ersten Blick auf die Karte vermuten würde. Sehenswürdigkeiten und lohnende Stopps liegen dicht an dicht, der Tag fliegt nur so vorbei.

Start in der Inselhauptstadt

St. Peter Port
4 km
St. Sampsons Harbour
1 km
Vale Castle
1,5 km
Le Déhus Dolmen
1,5 km
Fort Doyle
3 km
Martello-Türme

Beginnen Sie in St. Peter Port. In unmittelbarer Nähe zum Strand der **Belle Greve Bay** zieht sich die Straße nordwärts bis **St. Sampsons Harbour.** Scharfkantig schneidet das Hafenbecken ins Land, nur wenige alte Häuser können sich gegen die optische Dominanz der Industrieanlagen behaupten. Kaum ist die Nordseite des Hafens passiert, türmt sich links der Straße eine mächtige Burg auf: **Vale Castle** (tagsüber frei zugänglich). Von hier aus haben Sie erstmals einen weiten Rundblick über den Nordteil der Insel, der bis 1806 durch einen Kanal zwischen St. Sampsons Harbour und der Grande Havre Bay getrennt war.

Das nächste Ziel, **Le Déhus Dolmen** (gut ausgeschildert), führt um 3000 Jahre zurück in die prähistorische Zeit der Inseln. Zwischen kleinen Teichen und teilweise verwilderten Glashäusern, den »vineries«, winden sich enge Sträßchen zu **Fort Doyle** (18. Jh.) und dem Nobeljachthafen **Beaucette Marina**. Dieser entstand aus einem tiefen Steinbruch und ist tideunabhängig, warf aber bei seinem Bau erhebliche Probleme auf. Vor allem verlängerte sich die Bauzeit, da die anfangs projektierten Sprengladungen zur Beseitigung des verbliebenen Felsriegels zu stark waren und die Steinbrocken mit zerstörerischer Wucht auf die Treibhäuser prasseln ließen. In der freundlichen Atmosphäre des **Marina Restaurant** (mit Terrasse; Mo geschl.) genießt man gerne einen Kaffee oder was die Küche mit den Zutaten des Meeres zaubert.

Zur Hauptstraße zurückgekehrt, sieht man über etwa 1,5 Kilometer rechts eine Reihe massiger

Martello-Türme, vor deren Kulisse die Golfer ihre Carts über einen schönen 18-Loch-Platz ziehen. Eine faszinierende Weite und Ebenheit begeistert an der **L'Ancresse Bay**. Wenn die Sonne scheint, bietet sich ein Spaziergang am Wasser entlang an. Wieder auf zur Hauptstraße, fährt man südwärts und folgt nach 500 Metern dem unscheinbaren Wegweiser rechts zum prähistorischen Kultplatz **Les Fouaillages** am Rand des Golfplatzes. Wer noch nach Souvenirs sucht, kann einen Abstecher landeinwärts zu **Oatlands Village,** dem **Freesia Centre** und zu **Guernsey Candles** machen.

Naturschauspiel an der Westküste

Kaum ist Vale Parish Church passiert, schwingt sich die Küstenstraße von einer Bucht zur nächsten. Das Panorama ist bei Ebbe ebenso reizvoll wie bei Flut, die im Wechsel von sechs Stunden und zwölf Minuten jeweils neue Eindrücke erwecken. Im Grunde muss man mehrmals kommen, so unterschiedlich gibt sich die Landschaft in der Abfolge der Gezeiten. Auch Victor Hugo liebte die Westküste, von einem Freund hatte er sogar ein Mini-Eiland zwischen **Portinfer** und **Port Soif,** zwei ausnehmend schöne Buchten, gekauft. Parkplätze sind reichlich vorhanden, so dass Sie die Küstenszenerie ausgiebig genießen können. Auch Pubs für die Mittagspause gibt es hier.

An der **Perelle Bay** sollten Sie gleich hinter der Esso-Tankstelle nach links und 200 Meter weiter abermals links abbiegen, um die älteste Inselkirche, **St. Apolline,** zu sehen. Zur Küste zurückgekehrt, steht links nur wenige Meter weiter die Strickwarenfabrik **Le Tricoteur,** wo man bei der Herstellung der traditionellen Jersey- und Guernsey-Pullover zuschauen und auch einkaufen kann.

Abstecher nach Lihou Island

Von der Küstenstraße zweigt zwei Kilometer weiter ein Weg nach **Lihou Island** ab, das man bei Ebbe zu Fuß erreichen kann. Der Abstecher lohnt auch bei auflaufendem Wasser, denn rechts der Zufahrtsstraße liegt ein frühgeschichtliches Ganggrab.

Martello-Türme
1 km
L'Ancresse Bay
1,5 km
Les Fouaillages
1,5 km
Guernsey Candles
4,5 km
Portinfer
8 km
Perelle Bay
36 km
Le Tricoteur
3 km
Lihou Island
1,5 km
Fort Grey

Fort Grey
3,5 km
Bruce Russell & Sons
1,5 km
Little Chapel
4,5 km
St. Peter Port

Nochmals 1,5 Kilometer weiter ist der Festungsturm von **Fort Grey** mit dem kleinen Schifffahrtsmuseum erreicht. Als Seemarke wurde das obere Rund weiß gestrichen – weswegen es die Einheimischen »cup and saucer«, Tasse und Untertasse, nennen. Gegenüber liegt das **Coppercraft Centre** (mit Cafeteria).

Wenig nördlich von Fort Grey führt ein Sträßchen durch eine ländliche Idylle. Bald ist die Goldschmiede von **Bruce Russell & Sons** (nahe dem Flughafen) ausgeschildert, die allein wegen des guten Café-Restaurants einen Stopp lohnt. Ganz in der Nähe liegt hier die **Strawberry Farm.**

Zur Little Chapel

Durch eine hügelige, üppig grüne Landschaft schlängelt sich die Straße zur meistfotografierten Inselsehenswürdigkeit, der **Little Chapel**. Nur wenige Schritte entfernt steht die Werkstatt eines Uhrmachers Besuchern offen. Am Weg zurück nach St. Peter Port liegt das beeindruckende **German Underground Hospital** (bis 16 Uhr geöffnet), für das man etwa eine Stunde Zeit haben sollte. 2

Die Klippenpfade sind gut markiert und gefahrlos zu begehen – kleine Streifzüge empfehlen sich als Abwechslung zur Autofahrt.

Dauer: Tagesausflug; **Karte:** → S. 116/117

Jersey – der Osten

Jersey kann man selbst mit dem Wagen nicht an einem Tag kennen lernen, man braucht mindestens zwei dafür. Diese etwa 48 Kilometer lange Rundfahrt führt Sie zu historischen Sehenswürdigkeiten und an bizarre Küstenabschnitte. Eine kleine Überraschung ist die einzige Weinkellerei der Channel Islands.

Die Tour durch den Osten vermittelt erste Eindrücke von der Schönheit der Buchten, der Steilküsten und grünen Täler der Insel.

Größtes Ganggrab der Kanalinseln: La Hougue Bie

Die Rundfahrt beginnt in St. Helier, wo man zunächst dem Wegweiser »Five Oaks/The North« folgt. Sie passieren den Sitz des Lieutenant Governor, kommen an einen Kreisverkehr und biegen hier in die kleine Straße rechts der Esso-Tankstelle ein. Sie bringt Sie gut einen Kilometer später nach La Hougue Bie. Eindrucksvoll thront das Doppelkirchlein auf dem mächtigen Grabhügel, und eine Stunde ist hier schnell vorbei, wenn man auch durch die Bunker und das Museum streift.

Von Hougue Bie führt die B 28 in Richtung **Gorey,** wo meist am Hafen unterhalb des **Mont Orgueil Castle,** der Hauptbesichtigungspunkt neben der **Jersey Pottery,** ein Parkplatz zu finden ist. Gorey ist auch ein sehr lohnendes Fleckchen, um fein Mittag zu essen. Auf der Rückseite der Burg führt Sie die Küstenstraße nun zum **Verclut Point** mit seinem mächtigen Wellenbrecher. Eine schnelle Badepause könnte sich beim Archirondel Tower anbieten.

Von St. Catherine's Breakwater muss man ein kurzes Stück zurück und folgt dann den Wegweisern nach **Rozel,** dem pittoresken Hafenstädtchen. Hier beginnt die bizarre Klippenküste des Nordens, der ein spektakulärer Fußpfad folgt. Geradezu exotisch wirkt dagegen der sehenswerte **Jersey Zoo,** der sich der Nachzucht gefährdeter Tierarten verschrieben hat. Einen knapp drei Kilometer langen Abstecher sollte man zu einem der Nordküstenhäfen – hier zur **Bouley Bay** oder später zur **Bonne Nuit Bay** – einplanen. Eine Erfrischung bieten das Water's Edge Hotel oder das Bonne Nuit

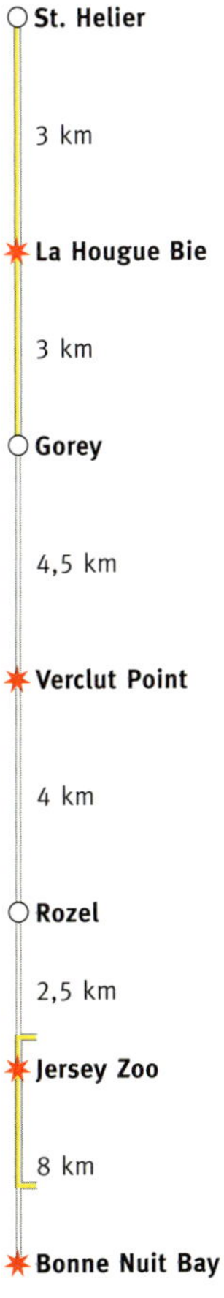

Bonne Nuit Bay
5 km
La Mare Vineyards
4 km
Hamptonne Country Life Museum
6 km
St. Helier

Café. Auch die Küste bei Wolf's Caves besitzt Dramatik, der Weg zum Meer ist jedoch beschwerlich.

Wein und Farmleben

In St. John's Village zweigt eine Landstraße zu einem schönen Aussichtspunkt bei **Ronez Point** ab. Wer Orientierungssinn und eine Karte hat, kann von dort – vielleicht sogar über **Devil's Hole** – auf Green Lanes zu **La Mare Vineyards** fahren. Andernfalls folgt man wieder in St. John's der Ausschilderung nach St. Mary's Village. Nach einem »Exkurs« in die Geschichte des lokalen Weinbaus bietet Jersey Goldsmiths/Lion Park eine gute Orientierung für die Weiterfahrt ins Inselzentrum. In Carréfour Selous biegt man auf die A10 Richtung St. Helier ab, muss dann aber (an einer Tankstelle scharf links) wieder zurück nach Norden zum **Hamptonne Country Life Museum.** Mustergültig wurde hier ein Gehöft des 17. Jahrhunderts restauriert (nettes Café). Südlich davon senkt sich der **Chemin des Moulins** zum stillen, üppig grünen **Waterworks Valley.** Vorbei an kleinen Stauseen geht es auf kurvenreicher, wenig befahrener Strecke zurück zur Südküste.

Dauer: Tagesausflug; **Karte:** → S. 119/120/121

Kulturdenkmal seit 5500 Jahren: La Hougue Bie.

Jersey – der Westen

Im Mittelpunkt dieser etwa 50 Kilometer langen Rundfahrt steht die Natur. Man lernt aber auch interessante Museen und Bauwerke kennen und hat Gelegenheit, sich einmal von weichem Lavendelduft einhüllen zu lassen.

Erstes Ziel von St. Helier aus ist das schmucke **St. Aubin** am Westende der großen Bay. Eigentlich müsste man hier bereits aussteigen und ein wenig am Wasser entlang oder durch die Gassen bummeln. Vom Hafenbecken windet sich die Straße in steilen Kurven hügelan. Sobald man auf die Abzweigung zum **Noirmont Point** (links) einbiegt, wird der Blick frei, schweift über die zerklüfteten Felsen, die romantische Bays umklammern und mancherorts von alten Militärbauten beherrscht werden. Ob bereits oberhalb von **Portelet** oder **Quaisné Bay** oder erst an der **St. Brelade's Bay,** den Genuss einer Erfrischung oder eines Essens verdoppeln der Blick aufs Meer und die Möglichkeit zu baden. Am Westende der Promenade des beliebten Urlaubsorts St. Brelade schwingt sich die Straße bergwärts in Richtung Flughafen. Nach einer Ampelkreuzung geht es rechts zur **Jersey Lavender Farm**. Der Duft der kleinen Blütchen wird hier auf vielfältige Weise konserviert und hübsch verpackt. Im Terrassencafé gibt es Lavendeltorte!

Zurückgekehrt an die Ampel, biegt man jetzt nach rechts zur **St. Ouen's Bay,** dem Dorado der Brandungssurfer, ab. Eine wilde Dünenlandschaft, aber auch eine Panzersperrmauer begleiten den kilometerlangen Strand. Über die Natur informiert die Ausstellung im **Kempt Tower,** hautnah spürt man sie auf einem kurzen Spaziergang durch das Naturparadies der Dünen **La Mielles de Morville.**

Im nördlichen Bereich der Bucht werben diverse Geschäfte um die Gunst der Besucher, **Jersey Pearl** etwa oder gegenüber **Jersey Woollen Mills**. Kurz darauf wendet sich die Straße inseleinwärts; etwa einen Kilometer vom Meer entfernt findet man einen Wegweiser nach links zum kuriosen **Battle of Flowers Museum**. Mögen sie zeitweilig auch etwas

St. Helier
5 km
St. Aubin
2 km
Noirmont Point
4 km
St. Brelade's Bay
1,5 km
Jersey Lavender Farm
3,5 km
St. Ouen's Bay
3 km
Kempt Tower
1,5 km
Jersey Pearl
1,5 km
Battle of Flowers Museum

Battle of Flowers Museum
4 km
Grosnez Point
5 km
Grève de Lecq
2 km
St. Ouen's Village
10 km
St. Helier

verstaubt aussehen, die Figurenarrangements der Showwagen sind verblüffend. Immerhin ist die Künstlerin und Betreiberin des Museums bereits über 80 Jahre alt. Kehren Sie danach wieder zur Küste zurück. Je weiter man von **L'Etacq** aus in den Norden kommt, umso bizarrer werden die Felsen. Kaum vermutet man die Pferderennbahn in diesem abgeschiedenen Winkel der Insel. **Grosnez Point** (Stichstraße links) wirkt mit seiner Ruine wie die Szenerie eines mittelalterlichen Ritterfilms. Von der Hauptstraße aus sind später noch Abstecher zu den Buchten **Plémont Bay** und **Grève de Lecq** möglich, die Sie sich nicht entgehen lassen sollten. Ein gemütliches Pub in der Wassermühle **Le Moulin de Lecq** lädt zu einer Rast ein.

St. Ouen's Village könnte ein Stopp sein, so Sie den Besuch in Judith Querees bezauberndem **Cottage Garden** vorher vereinbart haben. Zur Südküste führt die A12. Noch ein Drink im urigen Pub The Star & Tipsy Toad in St. Peter's Village ehe man durch das schöne **St. Peter's Valley** kurvt? Vorbei an der Wassermühle **Le Moulin de Quétivel** erreicht man die Parallelstraße zur Küstenstraße, an der rechter Hand die berühmte Glass Church liegt. 3

Dauer: Tagesausflug; **Karte:** → S. 118/119

Bei Ebbe zu Fuß erreichbar: Der Leuchtturm von Corbière steht auf einem schroffen Felsen vor der Südwestspitze Jerseys.

Inselrundfahrt auf Alderney

In die Pedale, fertig los: Um Alderney kennen zu lernen, braucht man kein Auto. Die Tour ist sogar eine gute Möglichkeit, Alderney im Eiltempo zu erleben, falls man nur für einen Tag herübergekommen ist. Da die Insel trotz ihrer nicht einmal hundert Höhenmeter keineswegs völlig flach ist, empfiehlt es sich, ein Fahrrad mit Gangschaltung zu mieten.

Die Rundfahrt beginnt am **Braye Harbour**, wo sich auch eine Fahrradvermietung befindet. Wer nur für einen Tagesausflug von Jersey oder Guernsey herübergeflogen ist, nimmt sich für die kurze Fahrt zum Hafen am besten ein Taxi, um nicht zu viel Zeit zu verlieren.

Eine Fahrt mit dem Rad rund um die Insel ist nur 16 Kilometer lang und führt zu allen interessanten Punkten sowie zu den strahlend weißen Inselstränden.

Die Radtour führt zunächst in Ufernähe entlang, von **Crabby Bay** und **Platte Saline**, die das felsige Kap von **Fort Doyle** voneinander trennt, zum mächtigen **Fort Tourgis,** einer weitläufigen viktorianischen Kaserne. Unterhalb des Forts führt ein Sträßchen, das später in einen Feldweg übergeht, am Meer weiter bis zum Damm nach **Fort Clonque.** Es ist nur bei Niedrigwasser trockenen Fußes zu erreichen und wird heute an Gruppen zur Übernachtung vermietet (in der Regel nicht zugänglich).

Wer mehr Zeit mitbringt und gerne auch die zeitweise vom Meer abgeschnittenen Forts besuchen möchte oder zur Vogelbeobachtung gerne an den Klippen herumklettert, sollte sich einen »Alderney Tide Table« mit den genauen Angaben für Ebbe und Flut besorgen.

Brutstätte einer Basstölpelkolonie

Konditionsstarke Radler können für die weitere Strecke gleich hinter dem Dammansatz den steil aufwärts ziehenden, recht holprigen Zick-Zack-Weg (er ist offiziell tatsächlich als **Zig-Zag** ausgeschildert) benutzen, um zu den Klippen mit den Aussichtspunkten auf die berühmten Vogelfelsen zu gelangen.

Länger, aber weniger anstrengend ist die alternative Route, die von Fort Clonque zunächst zum Fort Tourgis zurückführt. An der Gabelung folgt man der Straße rechts bergauf, vorbei am unscheinbaren Dolmen **Roc à L'Epine** (rechter Hand).

700 Meter weiter gabelt sich die Straße. Geradeaus kommt man im Heide- und Moorgebiet Griffoine auf eine Wegschleife, von deren Endpunkt aus man einen prächtigen Blick auf den 300 Meter entfernten Vogelfelsen **Les Etacs** genießt. 5

Im Bereich von Marais Square und Le Huret lag der Kern des mittelalterlichen St. Anne.

Von hier aus kehrt man nun zur Gabelung zurück, hält sich rechts und gelangt – an der Zufahrt zum Flugplatz vorbei – ins kleine Inselstädtchen **St. Anne.** Ist der Marais Square überquert, wo am Sonntag vormittags ein kleiner Flohmarkt stattfindet und eine altes Pub steht, geht man durch Le Huret und zum historischen **Alderney Museum.** Sie bleiben auf der **High Street** und sind – falls Sie nicht in einem der traditionellen Pubs am Wegesrand zu einer Pause verführt werden oder ein paar Sonderbriefmarken im Post Office erstehen wollen – bald wieder draußen aus der Inselhauptstadt.

Auf der Ile de Raz thront eine Festung von 1854, die sich in Privatbesitz befindet. Nach Süden genießt man einen schönen Blick auf die bizarren Hanging Rocks.

Die High Street geht in die **Longis Road** über, die am Clubhaus des Golfklubs vorbei in den Nordosten der Insel führt. Rechter Hand thront **Essex Castle** über den **Hanging Rocks**, die man allerdings erst später zu sehen bekommt. Bald nach den geheimnisvollen Mauern der **Nunnery** zweigt links ein Weg zu einem versteckten Vogelbeobachtungspunkt (bird hide) ab. Bläst im Sommer ein kühlender Nordwestwind, so drängen die Insulaner an den geschützten Badestrand der sandigen Longis Bay. Bei Ebbe kann man vom Nordende der Bucht hinüberlaufen zum Fort **Ile de Raz** und hat einen beeindruckenden Blick auf die Hanging Rocks.

Nach weiteren zwei Kilometern erreicht man den schwarz-weiß gestreiften, weithin sichtbaren **Leuchtturm** am **Quésnard Point.** Hinauf kommt man an den Sommerwochenenden nachmittags, wenn auch der kleine Zug über die Insel bummelt.

Ideal für ein Picknick: Saye Bay

Hält man sich nun auf der ufernahen Straße, passiert man das in Privatbesitz befindliche Fort Corblets und die hübsche Corblets Bay, dann Arch Bay, das ebenfalls bewohnte **Château à L'Etoc** und den Campingplatz an der Saye Bay. Mit ihrem feinsandigen Sandstrand lädt die windgeschützte Bucht zu einer geruhsamen Rast ein. Danach geht es weiter zum **War Memorial,** das an die Opfer unter den ausländischen Zwangsarbeitern während des Zweiten Weltkriegs erinnert.

Einen halben Kilometer weiter zweigt nach rechts eine etwa 600 Meter lange Stichstraße ab, die hinaufführt zur größten Festungsanlage der Insel, **Fort Albert.** Von hier aus ist der Blick auf Braye Harbour und St. Anne besonders schön. Die Hauptstraße folgt der lang gestreckten Braye Bay zurück zum Hafen und zur Fahrradvermietung. Keine zehn Minuten läuft man ins Städtchen St. Anne und hat dort vor dem eventuell für den gleichen Tag gebuchten Rückflug noch Zeit für den Besuch eines der vielen schönen Pubs.

Das verfallene Fort stammt aus dem 19. Jahrhundert und ist nach dem Prinzgemahl der Königin Victoria benannt.

Dauer: ca. 3 Stunden (reine Fahrzeit)

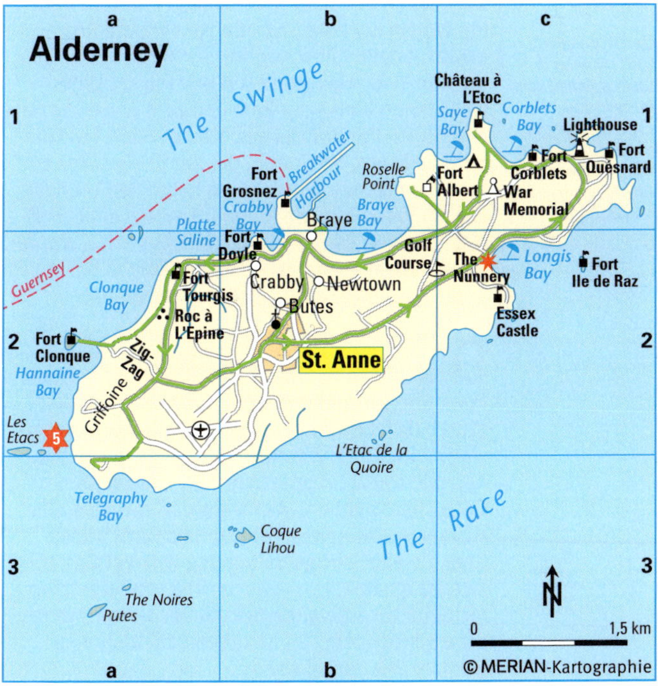

6 Küstenwanderung auf Guernsey

Die schönste Küstenwanderung auf Guernsey führt Sie von St. Peter Port zur Petit Bôt Bay an der Südküste der Insel. Einkehrmöglichkeiten gibt es unterwegs genug – Abkürzungen zur nächsten Bushaltestelle ebenfalls.

Sie folgen zunächst der Uferstraße in St. Peter Port nach Süden vorbei an den bereits 140 Jahre alten künstlichen Badepools in der Havelet Bay. Links vom Aquarium führen deutlich erkennbare Treppen über 86 Stufen nach Fort George hinein. Leicht bergan geht es durch einen lichten Hohlweg bis zu einer Straße, die Sie etwa 300 Meter lang an herrlich gelegenen Villen entlangführt. Man ist hier mitten im Millionärsviertel St. George, in dem kaum ein Haus unter einer Million Pfund zu haben ist. Wo ein Schild die Straße zur »Private Road« erklärt, beginnt links wieder der Klippenpfad, dem Sie nun in Richtung **Fermain Bay** folgen. Unterwegs laden Bänke zur Rast und zum Genießen des prächtigen Panoramas ein. Man passiert bald die **Ozanne Steps,** 88 Stufen, die das felsige Ufer erreichbar machen. Victor Hugo liebte den Uferweg von St. Peter Port zur Fermain Bay, wo er am Fuß des trutzigen Beobachtungsturms gern ins Wasser stieg. Als ein »Schauspiel voller Zauber« beschrieb er einmal seine Eindrücke auf den Klippen.

Ein Klippenpfad führt hinunter in die Badebucht von Fermain Bay, die um 1780 durch einen Wachturm, ein Pulvermagazin und eine Mauer befestigt wurde.

Der Pfad führt von der Fermain Bay wieder aufwärts. Man folgt dem Wegweiser zu St. Martin's Point und steht bald vor der Einfahrt zum Privatgrundstück **Le Mont Frie**, über das unser Wanderweg weiterführt. Wer mag, kann über die kleine Asphaltstraße ein paar Schritte in den Weiler **Calais** hineingehen. Man sieht dort mehrere alte Häuser und staunt vor dem Calais Farm House über die einzigartige Sammlung witziger Gartenzwerge (**gnomes**) – ein herzerfrischender Anblick nicht nur für mitwandernde Kinder. – Der eigentliche Klippenpfad führt dagegen am Wohnhaus Le Mont Frie vorbei weiter.

Durch Pinienwald zur Doyle Column

Auf dem Plateau oberhalb der Klippen ist bereits ein Obelisk auszumachen, unser nächstes Ziel. Kurz nachdem Doyle Column ins Blickfeld gekommen ist, führen Stufen rechts ab; danach folgt man den Wegweisern zu St. Martin's Point. Bald darauf geht es durch einen schattigen Pinienwald abwärts, und man kommt an eine Gabelung: Sie nehmen nicht den Hauptpfad links abwärts, sondern einen Seitenpfad halbrechts aufwärts. Bei der nächsten Gabelung folgen Sie den Stufen nach oben und gehen ab jetzt stets bergan. Etwa eine Stunde nach dem Start von der Fermain Bay erreichen Sie den Gedenkpfeiler **Doyle Column.** Auch ihn erwähnt Victor Hugo in Zusammenhang mit seinen Ausflügen gegen Sonnenuntergang. Den grandiosen Rundblick bietet auch die Terrasse des Restaurants **The Auberge,** ein idealer Ort, um zu Mittag zu essen.

Sir John Doyle war während der napoleonischen Kriege Gouverneur von Guernsey. Der ihm gewidmete Gedenkpfeiler wurde 1944 von den Deutschen niedergerissen und 1953 von traditionsbewussten Insulanern neu errichtet.

Zur Südküste

Hier überqueren Sie die Straße, gehen über den Parkplatz und biegen etwa 20 Meter hinter den öffentlichen Toiletten rechts ab auf einen Pfad zum **Petit Port,** einem der schönsten und einsamsten Strände der Insel. Wiederum laden Sitzbänke zur Rast ein, mit Blick aufs Meer, auf vorübersegelnde Jachten und das Spiel der Wolken. Man erreicht die Südküste, die nur noch in Taleinschnitten bewaldet ist. Moulin Huet ist nun bereits ausgeschildert. An einem Asphaltweg biegen Sie nach links und 50 Meter weiter erneut nach links auf die Fortsetzung des Klippenpfades ein. Im Tal von **Moulin Huet** stoßen Sie wieder auf ein Asphaltsträßchen. Bergab schlängelt sich ein Weg (vorbei an einem kleinen Café) hinunter in die Bucht. Um auf dem Klippenpfad zu bleiben, quert man den Parkplatz und biegt nach links auf einen Waldweg ein. Er schlängelt sich oberhalb der zerklüfteten Buchten zur **Saints Bay** und über den **Icart Point** zur **Petit Bôt Bay** mit Bushaltestelle, einem schönen Strand und einer Cafeteria mit Garten.

Die feinsandige Badebucht Petit Bôt Bay liegt am unteren Ende eines der reizvollsten Bachtäler der Insel.

Dauer: Halbtages- oder Tagesausflug;
Karte: → ■ E 3–D 4, S. 117

Rund um Herm

Das Mini-Inselchen Herm kann man bequem zu Fuß umrunden, selbst wenn die Bootszeiten nur sechs Stunden Aufenthalt erlauben. Man lernt auf der Runde alle Sehenswürdigkeiten kennen, und außerdem bleibt genug Muße für ein Sonnenbad, für ausgiebiges Muschelsammeln und eine kleine Mahlzeit im stimmungsvollen Pub oder im gepflegten Restaurant.

Nur 20 Bootsminuten trennen Herm von Guernsey. Die Insel ist bis zu 2500 Meter lang und 800 Meter breit. Man trifft weder auf Autos noch auf Fahrräder.

Vom Hafen aus geht man zunächst einmal durch den kleinen Ort und dann immer an der Westküste entlang, bis linker Hand ein einsames Grab liegt. Es ist von einem Gitter umzäunt. Hier sind eine junge Frau und ihr zweijähriger Sohn bestattet, die 1832 auf einem vorbeikommenden Segelschiff der Cholera erlegen waren.

Ein Muss für leidenschaftliche Muschelsammler: der Shell Beach im Nordosten der Insel.

Am Grab zweigt ein Pfad durch bewachsene Dünen zum **Shell Beach** ab. Er passiert **Robert's Cross**, den besterhaltenen Dolmen der Insel. Im Norden erhebt sich ein **Obelisk** über die wellige Sandlandschaft. Er wurde um 1840 als Orientierungsmarke für die Fischer errichtet, die ihren Kurs durch die vor allem bei Ebbe gefährlichen Meeresklippen zuvor an einem Menhir ausgerichtet hatten. Das vorgeschichtliche Monument hatte dort bis 1835 gestanden und war von einem Unternehmen, das auf Herm Granit abbaute, zerstört worden.

Sonnenbaden und Muschelsuchen am **Shell Beach** sind in den Vormittagsstunden ein Genuss, doch auch am späten Nachmittag lockt der schimmernde Traumstrand, zu einem langen Spaziergang wiederzukommen. Idealer Ort für Erfrischungen ist das **Shell Beach Café**. Dann weiter zur **Belvoir Bay** (ebenfalls mit Strand und Café). Landeinwärts steigt der Weg leicht an zum Gutsherrenhaus **Le Manoir** aus dem 15. Jahrhundert. Mittelalterlich wirken der zinnenbewehrte Turm und auch die Kirche, **St. Tugual's Chapel.** Fünf Minuten später ist man – zur Mittagspause – im Dorf zurück. 7

Viel Zeit bleibt noch, die Steilfelsen des Südens zu entdecken. Der Klippenpfad führt am Niedrigwasseranleger **Rosière Steps** vorbei und windet sich dann aufwärts bis **Point Sauzebourge.** Auf einigen Weiden grasen die etwa 80 Guernsey-Kühe des Inselpächters. In leichtem Auf und Ab führt der schöne Pfad hoch über felsige Buchten und am Campingplatz entlang wieder zur Belvoir Bay. Etwa zwölf Gehminuten dauert die Inseldurchquerung am Gutshof Le Manoir vorbei zurück zum Hafen.

Mit Geduld und Fernglas entdeckt man an der Steilküste bei Point Sauzebourge vielleicht einen Papageitaucher. Manchmal schwimmen sie in kleinen Gruppen auf dem Wasser.

Dauer: ca. 2,5 Stunden (reine Gehzeit)

Corbière Walk auf Jersey

Das Eisenbahnzeitalter brach auf Jersey im Jahr 1870 mit der Eröffnung einer Linie von St. Helier nach St. Aubin an. 1899 wurde die Strecke um gut sechs Kilometer von St. Aubin bis nach Corbière verlängert. Die Schienen sind heute längst entfernt; doch auf der alten Bahntrasse kann man jetzt hervorragend wandern. Auf diesem Weg von der Südwestspitze von Jersey zur weiten St. Aubin's Bay haben Fußgänger und mittlerweile auch Mountainbiker ihren Spaß. Selbst für Rollstuhlfahrer ist er geeignet. Wegen des feinen Schotters sollte man in jedem Fall festes Schuhwerk tragen.

Hier sind Spaziergänger unter sich: Für Reiter ist der ebenso panorama- wie traditionsreiche Corbière Walk gesperrt.

Treffpunkt der Surfer: St. Ouen's Bay

Der Bus Nr. 12 bringt die Wanderer von St. Helier und St. Aubin zum Ausgangspunkt nach Corbière. Der Weg beginnt gegenüber der Endhaltestelle des Busses links neben einer Telefonzelle. Verlaufen kann man sich nicht. Wer noch etwas Zeit hat, spaziert bei Ebbe vielleicht zum Auftakt gerne hinüber zum eindrucksvollen Corbière Lighthouse.

Der Weg beginnt über der Endhaltestelle des Busses links neben einer Telefonzelle.

Zunächst geht es auf dem Corbière Walk durch landwirtschaftlich genutztes Gebiet mit kleinen Gemüsefeldern, danach durch lichte Wäldchen. Auf Höhe des **Golfplatzes La Moye** kommt die **St. Ouen's Bay** in Sicht. Dann passiert man das ausgedehnte Sportgelände des Quevennais Sports Centre, auf dem vielleicht gerade Kricket oder Krocket gespielt wird. Immer wieder begegnen einem Jogger; Ruhebänke säumen den Weg.

Der Corbière Walk führt nördlich an der Ortschaft St. Brelade vorbei und neigt sich dann sanft abwärts in ein Tal mit Ententeichen und Hortensienhecken bis hin nach St. Aubin.

Dauer: ca. 1,5 Stunden;
Karte: → ■ A 8–D 8, S. 118/119

Klippenwanderung auf Jersey

Die zerklüftete Nordküste von Jersey birgt für Wanderungen besondere Reize, insbesondere zwischen dem windgepeitschten Grosnez Point und Devil's Hole. Gespenstisch wirkt bisweilen die **Burgruine von Grosnez** in ihrer Einsamkeit hoch über dem gischtenden Meer. Von dort geht es auf fast ebener Strecke bis zur **Plémont Bay,** die bei Hochwasser überhaupt keinen, bei Ebbe aber den vielleicht schönsten Inselstrand besitzt.

Mit Bus Nr. 8 kommt man von St. Helier nach Grosnez, mit Bus Nr. 7 vom Devil's Hole zurück.

Nach einem kurzen Stück über Asphalt setzt sich der Klippenpfad in Richtung **Grève de Lecq** fort, wo mehrere Pubs zur Rast und ein tideunabhängiger Strand zum Bad locken. Am Ende der Bucht geht es auf schmaler Asphaltstraße aufwärts und dann auf dem Klippenpfad weiter. Er durchquert hoch über dem Steilufer zwei besonders schöne Küstenlandstriche und endet am Gasthaus **Devil's Hole**. Das 30 Meter tiefe Teufelsloch mit seiner Tunnelöffnung zum Meer ist einen Blick wert.

Dauer: 5–6 Stunden;
Karte: → ■ A 5–D 5, S. 118/119

Der Teufel hält Wache am Devil's Hole – ob er den Blick über die dramatische Steilküste genießt oder den Schrecken der gischtbesprühten Wanderer, muss dahingestellt bleiben.

Wissenswertes über die Inseln, die Anreise und Verkehrsmittel, die Einkaufsmöglichkeiten und den Festkalender, die Währung, das Postwesen und die Telekommunikation.

Guernseys Hauptstadt St. Peter Port macht Laune zum Einkaufsbummel – ob Mode, hübsche Kleinigkeiten oder sogar Schmuck –, denn dutyfree kappt die Preise.

Kanalinseln von A–Z

Anreise und Ankunft

Mit dem Flugzeug

Drei der Kanalinseln besitzen Flughäfen: Jersey, Guernsey und Alderney. **Jersey** und **Guernsey** werden ganzjährig täglich von Zürich aus angeflogen. Von deutschen Flughäfen aus werden beide Eilande nur zwischen April und September angesteuert. Ein- bis zweimal wöchentlich starten dann Maschinen von Berlin, Dortmund, Frankfurt, Hannover (nur Charter) und München aus. Die Flugzeit beträgt ab Dortmund gut zwei Stunden. Außerdem gibt es günstige Flüge ab Wien und über London-Gatwick.

Im Winterhalbjahr erreicht man Jersey und Guernsey am besten über London. **Alderney** ist durch die zuverlässige Regionalfluggesellschaft Aurigny Air Services bis zu siebenmal täglich mit Guernsey und bis zu fünfmal täglich mit Jersey verbunden. Die Flugzeit in den kleinen Maschinen beträgt je nach Windrichtung auf beiden Strecken jeweils 10–15 Minuten.

Achtung: Mit Aurigny Air Services sollten von Alderney her **Anschlussflüge** zu Fähr- oder anderen Flugverbindungen sicherheitshalber einen Tag vorab stattfinden. Es kann vorkommen, dass man wegen Nebels einen halben oder auch einen ganzen Tag auf Alderney festsitzt.

Vom Flughafen in die Stadt

Linienbusse halten auf **Jersey** und **Guernsey** direkt vor dem Flughafengebäude. Auf Jersey verbinden sie den Airport mit St. Aubin und St. Helier, auf Guernsey mit St. Peter Port. Fahrkarten gibt es beim Busfahrer. Taxis stehen auf beiden Flughäfen in ausreichender Zahl bereit. Mietwagenfirmen unterhalten an den Flughäfen Büros oder bieten Kunden einen kostenlosen Transfer zur Vermietstation an.

Am sehr überschaubaren Flughafen von **Alderney** stehen meist Taxis bereit. Ist das nicht der Fall, kann man sie rufen lassen. Wer ohne Gepäck kommt, kann auch in etwa zehn Minuten den Hauptort St. Anne zu Fuß erreichen.

Mit dem Schiff

Eine direkte Autofähre verkehrt zwischen **Jersey** und **Saint-Malo** in der Bretagne. Abfahrten finden ein- bis zweimal täglich statt, die Fahrzeit beträgt etwa zwei Stunden. In Jersey besteht Anschluss nach **Guernsey**.

Verbindungen mit schnellen Katamaranen bestehen ebenfalls täglich direkt von Saint-Malo nach **Jersey** und **Guernsey**. Außerdem verkehren Autofähren zwischen Weymouth, Poole und Portsmouth in Südengland und den Inseln.

Bewachte und unbewachte **Parkplätze** stehen in Saint-Malo ausreichend zur Verfügung.

Von Granville und Carteret in der Normandie pendeln vor allem am Wochenende Fährschiffe nach Jersey.

Die Insel **Herm** ist nur per Boot von St. Peter Port auf Guernsey aus zu erreichen. Die Überfahrt dauert circa 20 Minuten; täglich werden mehrere Abfahrten angeboten.

Sark ist per Boot von Montag bis Samstag mehrmals täglich mit St. Peter Port verbunden; die Überfahrt dauert etwa 45 Minuten. Wer auf Sark übernachten will, kann bei der Isle of Sark Shipping Company am Hafen ein Langzeitparkticket für das Auto kaufen. Von Jersey aus gelangt man von April bis September außer sonntags täglich einmal nach Sark. Die **Mitnahme von Fahrrädern** muss vorab mit der Fährgesellschaft abgesprochen werden.

Alderney ist per Schiff nur unregelmäßig (etwa alle zwei Wochen) zu erreichen. Von Guernsey und Jersey aus werden im Sommer gelegentlich Tagesausflüge nach Alderney organisiert, die auch als Fährpassage genutzt werden können.

Auskunft für alle Fähren:
Condor Line
www.condorferries.co.uk
- St-Malo (Frankreich); Tel. 00 33/2 99 20 03 00;
- Jersey, St. Helier; Tel. 00 44/15 34/60 70 80

Emeraude Lines
www.emeraude.co.uk
- St-Malo (Frankreich); Tel. 00 33/23 18 01 80;
- Granville (Frankreich); Tel. 00 33/2 33 50 16 36;
- Guernsey, St. Peter Port; Tel. 00 44/14 81/71 14 14;

Buchung in Deutschland über DERTraffic im Reisebüro.

Organisierte Reisen
Auf dem deutschsprachigen Veranstaltermarkt findet man zahlreiche Reisen mit den unterschiedlichsten Schwerpunkten, ob Sport oder Natur, mit Auto oder Flug – von airtours über Linné-Reisen (der Tipp für Gartenliebhaber) bis zu Wolters Reisen. Eine Übersicht verschicken die Verkehrsämter.

Auto
Die Mitnahme des eigenen Autos ist problemlos, Wohnmobile müssen auf dem Festland bleiben. Der links gesteuerte Wagen hat aber einen großen Nachteil: Da auf den Inseln links gefahren wird, befindet sich das Lenkrad auf der »falschen« Seite. Man sollte daher überlegen, ob man das Auto nicht besser in Saint-Malo parkt und sich auf den Inseln für ein, zwei Tage einen Mietwagen nimmt. Daneben sind alle Sehenswürdigkeiten auch bequem per Linienbus zu erreichen.

Verkehrsregeln
Auf den Kanalinseln fährt man links. Auf gleichberechtigten Straßen hat **Vorfahrt**, wer von rechts kommt. Vorfahrtsstraßen sind nur selten als solche gekennzeichnet. Statt »Vorfahrt beachten« oder Stoppschildern findet man häufig eine gelbe Linie an der Einmündung von Neben- auf Hauptstraßen. Sie bedeutet: Halt! Häufig wird man auf diese Linie etwa 20 bis 50 Meter vorher durch einen gelben Pfeil in Fahrtrichtung aufmerksam gemacht. Manchmal findet man an Kreuzungen den Hinweis **filter in turn**. Hier sind alle Fahrzeuge gleichberechtigt; man fährt nach dem Reißverschlussprinzip.

Die zulässige **Höchstgeschwindigkeit** beträgt auf Jersey 40 mph (Meilen pro Stunde), auf Guernsey und Alderney 35 mph. In der Stadt liegt die Geschwindigkeitsbegrenzung bei 30 bzw. 25 mph. Eine einfache gelbe Linie entlang des Straßenrandes bedeutet striktes **Halteverbot**. Außerhalb ausgewiesener Parkzonen müssen Autos nachts mit Standlicht geparkt werden. Auf den Vordersitzen besteht Anschnallpflicht. Verstöße gegen die Parkvorschriften werden meist mit 10 £ Bußgeld geahndet.

Die **Promillegrenze** liegt bei 0,8. Verstöße werden streng geahndet. Auf jeden Fall kommen Alkoholsünder vor Gericht, schon bei geringfügiger Überschreitung der Promillegrenze winken bis zu 2000 £ Strafe und ein Führerscheinentzug zwischen sechs Monaten und zwei Jahren.

Unfälle müssen auf Jersey immer der Polizei gemeldet werden, auf Guernsey und Alderney bei größeren Schäden oder Verletzungen.

Parkvorschriften
Alderney: Im Zentrum der Inselhauptstadt gilt werktags eine Höchstparkdauer von 30 bzw. 60 Minuten. Der Gültigkeitsbereich dieser Einschränkung ist nur unvollkommen markiert. Das Parken ist kostenlos, die Ankunftszeit muss aber auf einer Parkscheibe eingestellt werden.

Guernsey: In St. Peter Port sind die Parkplätze sehr knapp, die Parkdauer auf den kostenpflichtigen Plätzen (die besten Chancen hat man noch am Hafen) variiert nach Tageszeit zwischen einer Viertelstunde und 23 Stunden. Außerhalb der Stadt gibt es nur wenige Einschränkungen.

Jersey: Auf Jersey ist das Parken in den Innenstadtbereichen gebührenpflichtig. Man kauft die Parkscheine in Schreib- und Tabakwarenläden.

Mietwagen

Mietwagen gibt es selbst in der Hauptsaison inklusive Vollkasko und Kilometerpauschale ab etwa 32 € pro Tag oder 160 € pro Woche. Sie stehen auf **Jersey, Guernsey** und **Alderney** in großer Zahl zur Verfügung; auf Jersey und Guernsey sind sie in der Regel nagelneu. Verleihstationen befinden sich an allen Flughäfen; auch Hotels und Pensionen vermitteln Fahrzeuge. Auf Jersey und Guernsey gibt es sogar Cabrios, auf Alderney luftige Minimokes.

Der deutsche, österreichische oder Schweizer **Führerschein** wird anerkannt. Mieter müssen mindestens 20 und dürfen höchstens 79 Jahre alt sein. Achtung: Sonntags sind Tankstellen auf Guernsey geschlossen!

MERIAN-Tipp

Jersey auf den Green Lanes
Eine besonders reizvolle Art, Jersey zu genießen, sind Radtouren über die Insel. Eine gute Karte mit dem Radwegenetz bekommt man von Jersey Tourism (1£). Kernstück des Wegenetzes sind die so genannten Green Lanes: sehr schmale, asphaltierte Landstraßen, auf denen meist nur die Autos und Traktoren der Anlieger fahren und 15 mph Höchstgeschwindigkeit gilt. Auf der »Coastal Cycle Route« kann man die Insel an einem Tag umrunden – und strampelt dabei meist dicht am Meer und an vielen schönen Stränden entlang.

Mopeds und Fahrräder

Mopeds können auf **Jersey, Guernsey** und **Alderney**, Fahrräder zudem auch auf **Sark** gemietet werden. Herm ist allein Fußgängern vorbehalten. Für Motorrad- und Mopedfahrer besteht Helmpflicht.

Öffentliche Verkehrsmittel

Auf Guernsey und Jersey gibt es ein gutes **Linienbusnetz**. Gedruckte Fahrplanheftchen sind an den Busbahnhöfen von St. Helier und St. Peter Port erhältlich. Alle Ortschaften, die meisten Sehenswürdigkeiten und Strände sind per Bus erreichbar.

Fahrkarten werden beim Fahrer gelöst. Auf beiden Inseln gibt es günstige Netzkarten für Urlauber. Auf Jersey gelten diese **Explorer Tickets** wahlweise einen, drei, fünf oder sieben Tage; auf Guernsey sind sie unter dem Namen **Rover Tickets** ebenfalls für einen, drei, fünf und sieben Tage erhältlich. Die Mehrtagestickets kauft man an den Busbahnhöfen von St. Peter Port und St. Helier (der Preis für das Tagesticket bis dorthin wird vom neuen Ticket abgezogen).

Bushaltestellen sind nur teilweise durch Haltestellenschilder ausgewiesen. Meist macht nur das mit weißer Farbe auf die Straße gepinselte Wort **Bus** darauf aufmerksam.

Taxis

Funktaxis stehen auf Jersey, Guernsey und Alderney in großer Zahl zur Verfügung. Auf Sark verbindet ein von einem Traktor gezogener Anhänger den Hafen mit dem Dorf; weitere Touren können dort per Kutsche unternommen werden. Auf Herm ist die Nutzung von Traktoren nur für den Gepäcktransport gestattet, man geht zu Fuß.

Auskunft

Nur Versand von Prospekten über die Kanalinseln, keine ausführliche Telefonauskunft.

In Deutschland:
Jersey Tourism
Postfach 30 02 60, 63089 Rodgau;
Tel. 0 61 06/7 17 18, Fax 87 04 14;
E-Mail: gls4099@aol.com

Verkehrsbüro Guernsey
Ahornweg 3a, 31867 Lauenau;
Tel. 0 50 43/9 80 38, Fax 54 64

In Österreich:
Jersey & Guernsey Tourismus
Zwilinggasse 1/13, 1190 Wien;
Tel. 01/ 3 18 04 50, Fax 3 18 04 49;
E-Mail: jersey.guernsey@netway.at

In der Schweiz:
Jersey & Guernsey Tourismus
Kleinstr. 16; 8008 Zürich; Tel. 01/2 60 65 21, Fax 2 60 65 24; Infoline für allg. Auskünfte, Hotellisten, Broschüren: Tel. 0 56/6 75 75 90, Fax 6 75 75 80; E-Mail: jersey.guernsey@ mailinghouse.ch

Behinderte

Wie Großbritannien sind auch die Kanalinseln eine Urlaubsdestination, deren Hotels und kulturelle Institutionen sich um behindertengerechte Einrichtung bemühen. Es gibt Hotels mit großem Freizeitangebot für Rollstuhlfahrer und andere behinderte Gäste. Infomaterial für Reisende mit Handicap kann von den Touristenbüros auf Jersey und Guernsey angefordert werden. Im Internet: www. jersey.co.uk/jsyinfo/disabled.html.

Camping

Wohnmobile und Wohnwagen sind von den Kanalinseln verbannt. Zelte dürfen nur auf offiziellen Campingplätzen aufgeschlagen werden, die diese meist auch vermieten. Auf Jersey und Guernsey gibt es jeweils vier, auf Sark zwei Plätze, auf Herm und Alderney je einen Campingplatz. Voranmeldung ist ratsam.

Diplomatische Vertretungen

Deutsches Konsulat
P. O. Box 25, Elizabeth Harbour Terminal; St. Helier, Jersey; Tel. 87 12 63

Deutsches Konsulat
c/o Isle of Sark Shipping Company; White Rock, St. Peter Port, Guernsey; Tel. 72 40 59

Einkaufen

Viel Kunsthandwerk
Die Kunsthandwerker der Insel arbeiten häufig vor großem Publikum: Die Werkstätten sind meist in ihre Läden und Galerien integriert und gelten als attraktive Sehenswürdigkeiten der Inseln.

Besonders zahlreich sind **Töpfereien**, die man auf allen drei größe-

! MERIAN-Tipp

Wochenmarkt in St. Peter Port, Guernsey Auf dem Marktplatz findet an jedem Donnerstagnachmittag zwischen 13 und 17 Uhr ein Wochenmarkt statt, auf dem in Trachten gekleidete Händler und Händlerinnen ausschließlich Naturprodukte und typische Souvenirs von der Insel verkaufen. Gerne lassen sich die Frauen und Männer auch fotografieren. Zwischen Oktober und April kommen keine Kunsthandwerker zum Markt.
■ b 2, S. 33

ren Inseln findet. Ebenso wie **Holzschnitzer, Kupferschmiede** und **Kerzenzieher** stellen sie Dekoratives und Praktisches her.

Auf Guernsey gibt es zudem noch einen **Glasbläser** sowie einen **Uhrmacher**, der sich vor allem auf Wand- und Standuhren spezialisiert hat (bei Little Chapel). Zahlreiche Kunstgalerien präsentieren die Werke von auf den Inseln lebenden Künstlern, zumeist Aquarelle und Metallobjekte.

Antiquitätenfreunde finden auf Jersey und Guernsey ein breites Angebot an alten Möbeln, wertvollem Porzellan und allerlei Trödelkram.

Naturprodukte

Nicht nur Kunsthandwerker, sondern auch Unternehmen aus anderen Bereichen nutzen den sommerlichen Touristenstrom, um ihre Produkte direkt zu vermarkten. In der **Lavendelfarm** auf Jersey etwa sind allerlei kosmetische Produkte aus eigener Herstellung erhältlich.

Die meisten Strickwarenfabriken können besichtigt werden. Hier kann man dann auch an Ort und Stelle die typischen **Jersey-** und **Guernsey-Pullover** aus dicker, geölter Wolle kaufen – wegen ihrer Unverwüstlichkeit sind sie ausgesprochen begehrt.

Öffnungszeiten

Die meisten Geschäfte sind Montag bis Samstag von 9–17.30 Uhr geöffnet. Manche schließen am Mittwoch- oder Donnerstagnachmittag (**early closing day**), andere haben abends auch länger offen.

Eintrittspreise

Meist liegen die Eintrittspreise für Sehenswürdigkeiten und Museen bei 2–4 £ pro Person; Kinder zahlen die Hälfte, Senioren erhalten ebenfalls einen Preisnachlass.

Für die Sehenswürdigkeiten, die vom Jersey Museums Service verwaltet werden, gibt es einen **Heritage Pass**, der gegenüber den Einzeltickets einen Preisvorteil bietet. Folgende Stätten werden vom Jersey Museums Service verwaltet: Jersey Museum und Elizabeth Castle in St. Helier, Hamptonne Country Life Museum, Occupation Tapestry Gallery, La Hougue Bie, Maritime Museum und Mont Orgueil Castle, Gorey.

Ein weiteres Kombiticket gilt für die Hauptsehenswürdigkeiten in Jersey und Guernsey.

Feiertage

An den nationalen Feiertagen sind alle Büros, Behörden, Banken und die meisten Geschäfte geschlossen. Autovermietungen und viele Souvenirläden bleiben dagegen geöffnet.

1. Jan.	Neujahr
Karfreitag	
Ostermontag	
1. Mai	May Day (falls der Tag auf einen Samstag oder Sonntag fällt, ist der folgende Montag Feiertag)
9. Mai	Liberation Day auf Guernsey
Pfingstmontag	
Ende Aug.	Bank Holiday (der letzte Montag im August, auf Alderney: der erste!)
25./26. Dez.	Weihnachten

Feste, Festivals und Wettbewerbe

März/April
Easter Hockey Festival
Großes Hockeyturnier auf Jersey.
Vier Tage über Ostern

April
Angling Festival Jersey
Wer fängt die meisten und die dicksten Fische?
Eine Woche Ende April

Mai

Jersey Half Marathon
Offener Langstreckenlauf für alle über die halbe Marathon-Distanz.
Anfang Mai

Jersey Jazz Festival
Gastspiele internationaler Jazzmusiker der Spitzenklasse.
Vier Tage Anfang Mai

Jersey International Air Rally
Sternflug vieler Privatpiloten mit ca. 80 Maschinen nach Jersey; verschiedene Flugvorführungen.
Drei Tage Anfang Mai

Guernsey Festival of Food
In diversen Restaurants auf Guernsey finden Livewettbewerbe bekannter Küchenchefs und Kochteams statt.
Anfang Mai

Liberation Day
Guernsey feiert die Befreiung von der deutschen Besatzung 1945 mit Straßenfesten und einem Feuerwerk in St. Peter Port. Offizieller Feiertag.
9. Mai

Jersey Food Festival
Die besten Inselköche demonstrieren ihr Können, treten miteinander in Wettstreit und bieten in Hotels und Restaurants spezielle Festmenüs an, aber auch preiswerte Dreigänge-Kreationen zum Beispiel für £ 10. Sehr lecker sind die Cream Teas.
Eine Woche im Mai

Juni

Aurigny Open Golf Championships
Offenes Golfturnier auf dem Golfplatz, der ein wunderschönes Panorama von Braye Harbour und der gleichnamigen Bay bietet.
Erstes Wochenende im Juni

Classic Vehicle Club Summer Show
Bei dem Oldtimer-Treffen in Saumarez Park, Guernsey, zeigen Autofans ihre auf Hochglanz polierten Schätze.
Sonntag Anfang Juni

Jersey Irish Festival Week
Volksfest der auf Jersey lebenden Iren mit viel irischer Musik in verschiedenen Pubs.
Sieben Tage Ende Juni

Alderney Annual Fly-In
Jährliches Treffen von über 150 Privatflugzeugen aus Großbritannien und Europa auf dem kleinen Flughafen der Insel.
Zweites Wochenende im Juni

Juli

St. Helier's Day
In St. Helier finden Prozessionen zu Ehren des frühchristlichen Heiligen statt.
16. Juli

! MERIAN-Tipp

Battle of Flowers auf Guernsey und Jersey Im Mittelpunkt der »Blumenschlacht« steht eine stundenlange Parade kunstvoll geschmückter Fahrzeuge und Wagen. Aus teils über 100 000 echten Blüten und Papierblumen pro Objekt erschaffen die Teilnehmer fantasievoll Schiffe und Züge, Tiere und Planwagen, Comicfiguren und allerlei anderes. Musikkapellen begleiten den Korso, der mit der Prämierung der besten Wagen und einem großen Feuerwerk endet. Früher stürzten sich Teilnehmer und Zuschauer nach der Parade auf die Wagen und lieferten sich mit den Blüten eine Schlacht (Jersey zweiter, Guernsey vierter Donnerstag im August).

Sark to Jersey Rowing Race
Ruderregatta übers offene Meer von Sark nach St. Helier.
Erster Samstag im Juli

Le Viaer Marchi
Ein historischer Markt, der vom Guernsey National Trust, der Stiftung für Denkmalschutz, organisiert wird. Alte Lieder und Tänze, Essen und Trinken. Der Markt bietet örtliche Erzeugnisse.
Saumarez Park, Guernsey, am Sonntagabend vor dem ersten Montag im Juli

Guernsey Folk Festival
Konzerte an verschiedenen Orten auf der Insel, Folkbands und Einzelinterpreten aus aller Welt.
Anfang Juli

Harbour Carnival
Beim Hafenfest in St. Peter Port, Guernsey, gibt es viel Musik auf den Straßen.
Juli

Rocquaine Regatta
Am Strand der Rocquaine Bay im Westen von Guernsey wird anlässlich der Segelregatta ein Unterhaltungsprogramm geboten.
Ende Juli/Anfang August

Jersey Garden Festival
Viele private Gärten auf Jersey öffnen in diesen Tagen ihre Pforten für Besucher. Experten geben gerne Tipps für Gartenfreunde.
Sieben Tage Mitte Juli

Juli/August
Alderney Week
Festwoche mit Karnevalscharakter. Witzige Wettbewerbe für jedermann, Partys in Pubs und an Stränden. Daneben werden Mister und Miss Alderney gewählt. Auch die Kleinen kommen durch zahlreiche Veranstaltungen und Aktivitäten auf ihre Kosten.
Anfang August

August
Country Fair
Ein ländlicher Markt mit einem Flair wie in den guten alten Zeiten im Hamptonne Country Life Museum auf Jersey; u. a. Vorführungen alter Erntemethoden.
Drei Tage Anfang August

Moonlight Parade
Abendliche Parade der illuminierten Wagen, die tags zuvor an der Jersey Battle of Flowers (→ MERIAN-Tipp, S. 105) teilgenommen haben.
Zweiter Freitag im August

September
Battle of Britain Air Display
Flugschau: alte Militärmaschinen am Flughafen und waghalsige Manöver in der Luft. Bunte Vorführungen auf Guernsey, Jersey und Alderney.
Ein Tag im September

Sprint & Hill Climb
Auto- und Gokart-Rennen auf einer Sprintstrecke beim Fort Corblets und beim Fort Tourgis, Alderney.
Zwei Tage Mitte September

Jersey Folk and Blues Festival
Konzerte internationaler Musiker in St. Helier.
Vier Tage Ende September

Annual Alderney Juggling
Jongleur-Festival, die Zuschauer sind aufgefordert mitzumachen.
September

Oktober
Jersey Festival of World Music
Traditionsreiches Musikfest mit Konzerten, Tanzaufführungen und Veranstaltungen verschiedener Art.
Vier Tage Anfang Oktober

Jersey Festival
Mit vielen Veranstaltungen wie Straßentheater, Kabarett und Konzerten wird auf Jersey die kulturelle Verbun-

denheit mit Frankreich gefeiert.
Oktober

Fotografieren

Filme sind etwas teurer als in Deutschland. Wer seine Urlaubsbilder noch vor Ort entwickeln lassen will, kann das binnen einer Stunde erledigen lassen.

Geld

Auf den Kanalinseln gilt das **britische Pfund** (£). Ein Pfund entspricht 100 pence (p). Jersey und Guernsey geben aber auch jeweils eigene Banknoten und Münzen heraus, die nur auf den Kanalinseln gültig sind. Darüber hinaus werden auch die Zahlungsmittel der Bank of Scotland und der verschiedenen nordirischen Banken akzeptiert.

Bevor man die Kanalinseln wieder verlässt, sollte man all diese seltenen Währungen in Geldscheine der Bank of England umtauschen. Im Umlauf sind Noten zu 1, 5, 10, 20 und 50 £ sowie Münzen zu 1/2, 1, 2, 5, 10, 20, 50 p und 1 und 2 £.

Der **Wechselkurs** unterliegt täglichen Schwankungen und ist von Bank zu Bank leicht unterschiedlich.

Bankautomaten für EC- und Kreditkarten zum Abheben von Bargeld (prüfen Sie die Gebühren) sind in den größeren Orten weit verbreitet. Einige Automaten wechseln auch Geldscheine ausländischer Währungen.

Reiseschecks werden von allen Banken akzeptiert. Telegrafische Zahlungsanweisungen sind in beliebiger Höhe zulässig.

Kreditkarten sind allgemein anerkannt und werden von nahezu allen Hotels, Restaurants, Mietwagenfirmen und Geschäften akzeptiert, nicht unbedingt aber in kleinen Guesthouses. Am gängigsten sind Visa und Eurocard/Mastercard.

Devisen dürfen in beliebiger Höhe ein- und ausgeführt werden. Eine Deklaration ist nicht erforderlich.

Wechselkurs

GB Pfund	EU Euro	CH Franken
1	1,58	2,33
2	3,16	4,65
5	7,91	11,63
10	15,82	23,26
20	31,65	46,52
30	47,46	69,78
50	79,10	116,30
100	158,20	232,60
250	395,60	581,50
500	791,50	1163,60
750	1187,00	1744,50
1 000	1582,00	2326,00
3 000	4746,00	6978,00

Stand: September 2002

Nebenkosten
(umgerechnet in Euro)

1 Tasse Kaffee	ca. 1,40
1 Bier ca. 0,5 l	2,35–2,85
1 Cola	ca. 1,10
1 Brot (ca. 500g)	1,35
1 Schachtel Zigaretten	5,40–6,30
1 Liter Benzin	0,95
Fahrt mit öffentlichen Verkehrsmitteln (Einzelfahrt)	ab 2,00
Mietwagen/Tag	ab 35,00

Öffnungszeiten der Banken:
Es gibt keine einheitlichen Schalterstunden. Auf jeden Fall sind alle Banken Mo–Fr 9.30–15.30 Uhr geöffnet. Einige haben länger offen, manche auch am Samstagvormittag.

Internet

Viele Unternehmen auf den Inseln informieren über das Internet bzw. haben auf ihren Websites Buchungsmöglichkeiten eingerichtet.

Internetcafés etablieren sich zunehmend: z. B. **i-Point,** 25–26 The Esplanade, St. Helier.

Kleidung

Packen Sie Ihre Koffer so, dass Sie für jedes Wetter gerüstet sind. Leichte Sommerkleidung bis hin zu Shorts und T-Shirts gehören ebenso ins Gepäck wie ein warmer Pullover, Regenjacke und -schirm. Für Wanderungen auf den Klippenpfaden ist festes Schuhwerk unabdingbar. Gute Hotels und Restaurants erwarten von ihren männlichen Gästen abends häufig Krawatte und Jackett.

Maße und Gewichte

Längen- und Flächenmaße
1 inch (in) = 2,54 cm
1 foot (ft) = 12 inches = 30,48 cm
1 yard (yd) = 3 feet = 91,4 cm
1 mile (m) = 1,609 km
1 nautical mile (sm) = 1,853 km
1 acre (ac) = 4046,8 qm
1 square mile (sq mi) = 2,59 qkm

Gewichte
1 ounce (oz) = 28,35 g
1 pound (lb) = 16 ounces = 453,59 g

Flüssigkeitsmaße
1 fluid ounze (fl oz) = 0,0284 l
1 gill (gi) = 0,142 l
1 pint (pt) = 0,568 l
1 gallon (gal) = 4,549 l

Medizinische Versorgung

Die medizinische Versorgung auf Guernsey und Jersey ist gut; die Kosten für Behandlung und Medikamente müssen jedoch von Ausländern selbst getragen werden. Der Abschluss einer privaten Auslandskrankenversicherung ist darum dringend anzuraten. Auf Alderney gibt es zwar Ärzte und ein kleines Krankenhaus, aber keine Zahnärzte. Wer auf Herm oder Sark ernsthaft erkrankt, muss zur Behandlung nach Guernsey fahren.

Notruf

Tel. 999 für Polizei, Feuerwehr, Krankenwagen und Seenotrettungsboote.

Post

Da Jersey und Guernsey ihre jeweils eigenen Postverwaltungen besitzen, sind dort auch jeweils nur die eigenen Briefmarken gültig. Auf Alderney gelten sowohl die eigenen Briefmarken als auch die von Guernsey. Auf Sark und Herm gelten nur die Briefmarken von Guernsey. **Briefmarken** sind in allen Postämtern, aber auch in zahlreichen Schreibwarengeschäften und Tabakhandlungen erhältlich.

Die **Öffnungszeiten** der Postämter sind von Ort zu Ort unterschiedlich; das Hauptpostamt auf **Jersey** (Broad St., St. Helier) ist Mo–Fr 9–17 und Sa 9–12 Uhr geöffnet. Das Hauptpostamt auf **Guernsey** (Smith St., St. Peter Port) öffnet jeweils schon eine halbe Stunde früher.

Reisedokumente

EU-Angehörige sowie die Staatsangehörigen von Liechtenstein, Österreich und der Schweiz benötigen zur Einreise lediglich den Personalausweis.

Reisewetter

Auf den Kanalinseln kann man so braun werden wie am Mittelmeer. Aber man hat keine Garantie für gutes Wetter – und der Ärmelkanal ist erheblich kühler als die Ägäis. Dafür ist die Natur immer grün und blütenreich. An vielen Stellen zeigen schräg wachsende Sträucher und Bäume, wie heftig das ganze Jahr über der Wind weht. Genaue Klimadaten verzeichnet die unten stehende Tabelle.

Rundfunk

Auf allen Kanalinseln sind britische und französische Sender gut zu empfangen. Jersey und Guernsey haben ihre eigene private Rundfunkstation, die auf der UKW-Frequenz 103 MHz bzw. 104 MHz sendet. Englischsprachige Informationen über touristisch interessante Ereignisse stehen täglich um 9.30 und 16.30 Uhr auf dem Programm.

Auch die BBC betreibt je eine Rundfunkstation auf Jersey und Guernsey, die jedoch außerhalb regionaler Fenster weitgehend das nationale Programm übernehmen.

Sprache

Noch bis gegen Ende des 19. Jh. sprachen die meisten Inselbewohner ein im Englischen als **Norman French** oder **Patois** bezeichnetes mittelalterliches Französisch. Französisch war bis ins 19. Jh. hinein Amts- und Unterrichtssprache. Heute wird jedoch allgemein Englisch gesprochen; das Norman French sprechen und verstehen nur noch einige wenige.

Französisch ist meist erste Fremdsprache, Deutsch hingegen kaum

Die Klimadaten von St. Helier, Jersey

	Januar	Februar	März	April	Mai	Juni	Juli	August	September	Oktober	November	Dezember
Durchschnittl. Temp. in °C – Tag	6,7	6,2	8,2	10,2	13,2	16,0	17,6	18,2	16,6	13,4	10,0	7,7
Durchschnittl. Temp. in °C – Nacht	4,7	4,1	5,5	7,2	9,9	12,7	14,6	15,1	13,9	10,9	7,9	5,7
Sonnenstunden pro Tag	2,3	3,3	4,9	7,1	8,2	8,5	8,1	7,5	5,7	4,1	2,5	1,7
Regentage	19	15	13	12	11	10	11	12	15	15	17	19
Wassertemp. in °C	10	9	9	9	11	13	15	16	16	15	13	11

Quelle: Deutscher Wetterdienst, Offenbach

verbreitet. Das Personal in Gaststätten bzw. Hotels spricht immer Englisch, kommt aber häufig aus Italien, Portugal, aus osteuropäischen Ländern und dem südlichen Afrika.

Sprachkurse

Englischkurse für Jugendliche und Erwachsene werden von mehreren Veranstaltern angeboten:

Auf Guernsey
St. Christopher's Language School
L'Arnaque, Rue de la Mare, Vazon, Castel; Tel. 25 46 53, Fax 25 24 70

Accent Multilingual Services
9 Mill Street, St. Peter Port;
Tel. 71 49 09, Fax 71 58 80;
E-Mail: accent@guernsey.net

Auf Jersey
Interlingua-Jersey
Sunnyfield, La Rocque; Grouville;
Tel. 85 25 90, Fax 85 67 27;
www.itl.net/go/to/linguaj

Jersey School of English
16 Royal Square, St. Helier;
Tel. 75 88 95, Fax 75 88 69;
http://user.it.net

St. Brelade's College
Mont Les Vaux, St. Aubin; Tel. 74 13 05, Fax 74 11 59; www.st-brelades-college.co.uk

Standesämter

Jersey mausert sich zum Hochzeitsparadies. Das Mindestalter ist 16 Jahre, bis 20 braucht man die Genehmigung der Eltern. Die Büros von Jersey Tourism verschicken kostenlos eine ausführliche Broschüre.

Stromspannung

240 Volt Wechselstrom. Deutsche Stecker passen nicht; dreipolige Adapter sind notwendig.

Telefon

Jersey und Guernsey haben ihre jeweils eigenen Telefongesellschaften, die aber mit der British Telecom assoziiert sind. So gilt für die Kanalinseln die gleiche Landesvorwahl wie für Großbritannien; Gespräche von den Kanalinseln nach Großbritannien sind Inlandsgespräche.

Nur bei den **Telefonkarten** macht sich die Eigenständigkeit bemerkbar: Die Telefonkarten der Jersey Telecom gelten nur auf Jersey, die der Guernsey Telecom nur auf den übrigen Inseln. Britische Telefonkarten sind auf den Kanalinseln nicht gültig.

Telefongespräche führt man am besten von Telefonzellen aus. Münztelefone nehmen in der Regel 10 p, 20 p und 50 p sowie gelegentlich auch 1-£-Münzen an. Bequemer ist das Telefonieren mit Telefonkarten, die in vielen Schreibwaren- und Tabakgeschäften erhältlich sind. Für ein Ortsgespräch zahlt man 10 p, für Ferngespräche werden 6 p pro Einheit berechnet. Für Telefongespräche nach Deutschland, Österreich und in die Schweiz gibt es einen Normaltarif und einen verbilligten Spezialtarif. Dieser gilt samstags und sonntags ganztägig und an Werktagen zwischen 20 und 8 Uhr.

Vorwahlnummern für die Kanalinseln:
Guernsey, Alderney, Sark und Herm
von Deutschland: 00 44/14 81
von den anderen Inseln aus: 0 14 81
Jersey
von Deutschland: 00 44/15 34
von den anderen Inseln aus: 0 15 34

Vorwahlnummern von den Kanalinseln aus nach:
Deutschland: 00 49; Österreich: 00 43;
in die Schweiz: 00 41
Anschließend die Vorwahl der gewünschten Stadt ohne die Null sowie die Nummer des Teilnehmers.

Tiere

Die Einfuhr von Tieren auf die Kanalinseln ist grundsätzlich verboten.

Trinkgeld

Auch auf den Kanalinseln rundet man bei Rechnungen auf. Wird auf Restaurantrechnungen ausdrücklich darauf hingewiesen, dass kein Bedienungsgeld inbegriffen ist (**no service charge included**), sind 10 Prozent Trinkgeld üblich. In Pubs wird kein Trinkgeld erwartet, in Hotelbars nur bei Bedienung am Tisch.

Zeitungen

Englische Zeitungen werden eingeflogen und sind bei normalem Wetter ab 7 Uhr morgens erhältlich. Für sie wird ein Preisaufschlag von 1 p verlangt. Deutschsprachige Zeitungen und Illustrierte werden nur während des Sommerhalbjahres und dann nur in einigen wenigen Geschäften in St. Helier und St. Peter Port auf Jersey und Guernsey verkauft.

Zeitverschiebung

Auf den Kanalinseln gilt wie in Großbritannien die Greenwich Mean Time (GMT), der die Mitteleuropäische Zeit (MEZ) um eine Stunde voraus ist. Das gilt auch für die Sommerzeit.

Zoll

Da die Kanalinseln nicht zu Großbritannien und nicht zur EU gehören, gelten hier die gleichen Vorschriften wie für andere Nicht-EU-Länder.

Bei der Wiedereinreise nach Deutschland, Österreich und in die Schweiz sind Souvenirs im Gesamtwert von bis zu 145 £/Person zollfrei, außerdem 2 l Wein und 1 l Spirituosen über 22 Prozent oder 2 l Spirituosen unter 22 Prozent; 200 Zigaretten oder 100 Zigarillos oder 50 Zigarren oder 250 g Tabak; 60 ml Parfum bzw. 0,25 l Eau de Toilette.

Bei der Battle of Flowers lässt nicht nur die Schlange an den Garten Eden denken – Millionen Blüten sorgen für »paradiesische« Stimmung (→ S. 105).

Geschichte auf einen Blick

ca. 250 000 v. Chr.
Die ältesten Spuren menschlicher Besiedlung stammen aus der Altsteinzeit, in der die Inseln noch Teil des Kontinents sind. Zu jener Zeit leben dort auch Mammuts und Nashörner.

8000–4850 v. Chr.
Aus der mittleren Steinzeit sind auf den Inseln keine eindeutig datierbaren Funde bekannt. Jersey ist in dieser Zeit noch Teil des Kontinents, die anderen Inseln bereits nicht mehr.

4850–2850 v. Chr.
Zu Beginn der Jungsteinzeit wird auch Jersey zur Insel. Die Menschen beginnen Felder zu bestellen, Tiere zu domestizieren und Keramik herzustellen. Bestattungen finden in Großsteingräbern (Dolmen) statt.

2850–2250 v. Chr.
In der Kupferzeit nutzen die Menschen erstmals Waffen und Werkzeuge aus Metall, insbesondere aus Kupfer. Die Toten werden in Steinkistengräbern unter runden Erdhügeln beigesetzt.

2250–600 v.Chr.
Während der Bronzezeit werden die meisten Waffen aus Bronze, einer Kupfer-Zinn-Legierung, hergestellt. Werkzeuge hingegen bestehen noch weitgehend aus Stein.

600 v. Chr.–350 n. Chr.
Das weitaus billigere und dabei härtere Eisen setzt sich während der Eisenzeit als Material für Waffen und Werkzeuge durch.

58–51 v. Chr.
Cäsar erobert das keltische Gallien, die Kanalinseln werden Teil dieser römischen Provinz. Bedeutende Funde aus jener Zeit sind eine Vielzahl von Münzen sowie Fundamentreste von Häusern einer Siedlung am Hafen von St. Peter Port, Guernsey. Dies belegt, dass den Inseln auch wirtschaftliche Bedeutung zukam.

5.–7. Jh.
Nach dem Ende der römischen Herrschaft in England im Jahr 410 fallen germanische Volksstämme – als Angelsachsen bezeichnet – in England ein. Sie drängen die keltischen Briten im Laufe des 5. und 6. Jh. nach Cornwall im äußersten Südwesten der Britischen Inseln und nach Frankreich ab, wo sie sich in der Bretagne niederlassen. Von dort aus kolonisieren sie dann im 6. und 7. Jh. auch die Kanalinseln.

8./9. Jh.
Germanische Wikinger suchen raubend und plündernd England und die Küsten des Ärmelkanals heim. Gegen Ende des 9. Jh. lassen sich Wikinger in Nordfrankreich nieder und legen damit den Grundstein zum späteren Herzogtum der Normandie.

911
Der fränkische König Charles III. erkennt den Wikingerführer Hrólfr (auch Rollo genannt) als Herzog der Normandie an. Von diesem Zeitpunkt an bezeichnet man die hier siedelnden Nordmänner als Normannen. Sie übernehmen das Christentum und die französische Sprache.

933
Rollos Nachfolger Guillaume I. (Wilhelm) gliedert die Kanalinseln in sein Reich ein; normannische Adlige und Klöster erhalten auf den Inseln beträchtliche Ländereien als Lehen.

1066
In der berühmten Schlacht von Hastings erobert der normannische Herzog Guillaume II. das angelsächsische England und lässt sich als William I. (William the Conqueror) zu dessen König krönen.

1087–1106
Nach dem Tod von Wilhelm dem Eroberer 1087 erbt sein Sohn Robert das Herzogtum der Normandie (und die Kanalinseln). Dessen jüngster Bruder, König Henry I. von England, schlägt Robert 1106 und vereint die Normandie wieder mit England.

1204
König John verliert die Normandie an König Philipp II. von Frankreich, die Kanalinseln aber bleiben ihm als Herzog der Normandie erhalten. Die normannischen Grundherrn auf den Inseln, die zumeist auch große Besitztümer auf dem Festland ihr Eigen nennen, halten ihm die Treue, obwohl sie dadurch ihre Ländereien in der Normandie verlieren.

1339–1345
Franzosenherrschaft auf Guernsey.

1380–1382
Franzosenherrschaft auf Jersey und Guernsey.

1461–1468
Franzosenherrschaft auf Jersey.

Um 1470
Die bisher von einem Vertreter des Königs gemeinsam verwalteten Kanalinseln werden in die Bailiwicks von Jersey und Guernsey unterteilt.

1569
Die Ausgliederung der Kanalinseln aus der Diözese Coutances und ihre Eingliederung in die Diözese Winchester durch Elisabeth I. besiegelt die Trennung von Frankreich.

1642–1646
Während des englischen Bürgerkriegs steht Guernsey auf der Seite des Parlaments, Jersey unterstützt König Charles I. Als dieser 1649 hingerichtet und England zur Republik erklärt wird, ruft man Charles II. auf Jersey zum neuen König aus, was in England erst 1660 geschieht.

1781
In der »Battle of Jersey« gelingt den Franzosen die Eroberung von St. Helier – für einen einzigen Tag!

1852–1870
Der französische Dichter Victor Hugo lebt erst drei Jahre auf Jersey und dann auf Guernsey im Exil.

1870
Auf Jersey wird eine Eisenbahnlinie zwischen St. Helier und St. Aubin eröffnet (in Betrieb bis 1936).

1879
Auch Guernsey erhält eine Eisenbahnlinie, die bis 1934 St. Peter Port mit St. Sampson verbindet.

1935
Der erste Flughafen der Kanalinseln wird auf Alderney eröffnet. Jersey folgt 1937, Guernsey 1939.

1940
Nachdem die deutsche Luftwaffe am 28. Juni Jersey und Guernsey bombardiert, werden die Kanalinseln kampflos deutschen Besatzungstruppen übergeben.

1945
Am 9. Mai kapitulieren die deutschen Truppen auf den Kanalinseln.

1969
Jersey und Guernsey beginnen mit der Herausgabe eigener Briefmarken, Alderney folgt 1983.

1999
Am Vormittag des 11. August totale Sonnenfinsternis auf den Inseln.

2002
Feierlichkeiten zum 200. Geburtstag von Victor Hugo.

Wichtige Wörter und Ausdrücke

Ja	*Yes*
Nein	*No*
Bitte	*My pleasure/ you're welcome*
Danke	*Thank you*
Wie bitte?	*Pardon?*
Ich verstehe nicht	*I beg your pardon*
Entschuldigung	*Sorry/excuse me*
Guten Morgen	*Good morning*
Guten Tag	*How do you do*
Guten Abend	*Good evening*
Hallo	*Hello*
Ich heiße ...	*My name is ...*
Ich komme aus ...	*I'm from ...*
Wie geht's?	*How are you?*
Danke, gut	*Thanks, fine*
Wer, was, welcher	*Who, what, which*
Wie viel	*How many, how much*
Wo ist ...	*Where is ...*
Wann	*When*
Wie lange	*How long*
Sprechen Sie Deutsch?	*Do you speak German?*
Auf Wiedersehen	*Good bye*
Bis bald	*See you soon*
heute	*Today*
morgen	*Tomorrow*
gestern	*Yesterday*

Zahlen

eins	*one*
zwei	*two*
drei	*three*
vier	*four*
fünf	*five*
sechs	*six*
sieben	*seven*
acht	*eight*
neun	*nine*
zehn	*ten*
einhundert	*one hundred*
eintausend	*one thousand*

Wochentage

Montag	*Monday*
Dienstag	*Tuesday*
Mittwoch	*Wednesday*
Donnerstag	*Thursday*
Freitag	*Friday*
Samstag	*Saturday*
Sonntag	*Sunday*

Mit und ohne Auto unterwegs

Wie weit ist es nach ...?	*How far is it to ...?*
Wie kommt man nach ...?	*How do I get to ...?*
Wo ist ...?	*Where is ...?*
– die nächste Werkstatt	*– the nearest garage*
– der Bahnhof/ Busbahnhof	*– the station/ bus terminal*
– die nächste Bus-Station	*– the nearest bus stop*
– die Touristen-information	*– the tourist information*
– die nächste Bank	*– the nearest bank*
– die nächste Tankstelle	*– the nearest gas station*
Wo finde ich einen Arzt/eine Apotheke?	*Where do I find a doctor/ a pharmacy?*
Bitte voll tanken	*Fill up, please*
Normalbenzin	*Regular petrol*
Super	*Super*
Diesel	*Gasoil*
rechts	*right*
links	*left*
geradeaus	*straight ahead*
Ich möchte ein Auto/ ein Fahrrad mieten	*I would like to rent a car/ a bike*
Wir hatten einen Unfall	*We had an accident*
Eine Fahrkarte nach ... bitte	*A ticket to ... please*
Ich möchte ... Euros in ... wechseln	*I would like to change foreign currency*

Hotel

Ich suche ein Hotel	*I'm looking for a hotel*
– eine Pension	*– a guesthouse*
Ich suche ein Zimmer für ... Personen	*I'm looking for a room for ... people*
Haben Sie noch Zimmer frei?	*Do you have any vacancies?*
– für eine Nacht	*– for one night*
– für zwei Tage	*– for two days*
– für eine Woche	*– for one week*
Ich habe ein Zimmer reserviert	*I made a reservation for a room*
Wie viel kostet das Zimmer?	*How much is the room?*
– mit Frühstück	*– including breakfast*
– mit Halbpension	*– half board*
Kann ich das Zimmer sehen?	*Can I have a look at the room?*
Ich nehme das Zimmer	*I'd like to have this room*
Kann ich mit Kreditkarte zahlen?	*Do you accept credit cards?*
Haben Sie noch Platz für ein Zelt/einen Wohnwagen?	*Is there any space for a tent/ a campervan?*

Restaurant

Die Speisekarte bitte	*Could I see the menu please?*
Die Rechnung bitte	*Could I have the bill please?*
Ich hätte gern einen Kaffee	*I would like to have a cup of coffee*
Auf Ihr Wohl	*Cheers*
Wo finde ich die Toiletten (Damen/Herren)?	*Where are the washrooms (ladies/gents)?*
Kellner	*waiter*
Frühstück	*breakfast*
Mittagessen	*lunch*
Abendessen	*dinner*

Einkaufen

Wo gibt es ...?	*Where do I find ...?*
Haben Sie ...?	*Do you have ...?*
Wie viel kostet das?	*How much is this?*
Das ist zu teuer	*That's too much*
Das gefällt mir	*I like it/*
– nicht	*– I don't like it*
Ich nehme es	*I'll take it*
Geben Sie mir bitte 100 Gramm/ ein Pfund/ ein Kilo	*I would like to have one hundred gramm/ one pound/ one kilo*
Danke, das ist alles	*Thank you, that's it*
geöffnet/ geschlossen	*open/closed*
Bäckerei	*bakery*
Kaufhaus	*department store*
Metzgerei	*butcher's*
Haushaltswaren	*household supplies*
Lebensmittelgeschäft	*supermarket*
Briefmarken für einen Brief/ eine Postkarte nach Deutschland/Österreich/in die Schweiz	*stamps for a letter/postcard to Germany/Austria/ Switzerland*

Ämter, Banken, Zoll

Haben Sie etwas zu verzollen?	*Do you have anything to declare?*
Ich möchte einen Reisescheck einlösen	*I would like to cash a travellers cheque*
Ich habe meinen Pass/meine Geldbörse verloren	*I have lost my passport/my wallet*
Ich suche einen Geldautomat	*I am looking for an ATM machine*
Ich möchte nach Deutschland telefonieren	*I would like to place a call to Germany*

A
B
C
1
2
3
4
English Channel
(La Manche)
Guernsey
Long
Salin
Cobo Bay
Albecq Bay
Lion Rock
Fort Hommet
Le Guet
Albecq
Vazon Bay
Fort Richmond
La Grande Mare Golf Course
Le Gelé
Kings Mills
Lihou Island
La Capelle
Perelle Bay
L'Erée Bay
Le Trépied Dolmen
Perelle
St. Apolline Chapel
Fort Saumarez
Le Tricoteur
Mont Saint
Le Groignet
Creux ès Faies Dolmen
L'Erée
Les Adams
Frie Baton
Les Grantez
Fauxquets
St. Saviour Reservoir
Les Annevilles
Les Lohiers
Rocquaine Bay
St. Pierre du Bois
La Saline
La Pomare
Neuf Chemin
St. Saviour
St. Saviour's Church
Les Buttes
Les Arquets
Fort Grey Maritime Museum
Le Catillion
La Bas
L' Eclet
Strawberry Farm
Hougue Fouque
Latour
Guernsey Pearl & Coppecraft
Les Islets
Les Bas Courtils
La Grosse Rock
Fort Pezeries
Les Pezeries
Longfrie
Silbe Nature Reserve
Les Reveaux
Le Gron
Les Clercs
Le Coudre
Bruce Russell & S Gold & Silversmit
Pleinmont
Les Sages
St. Peter's Church
Airport
Torteval (Det.)
Les Galliennes
Le Closo
Plein-mont Point
Torteval Church
La Plahque
Forest Church
Les Rocques
Les Houlles
Les Landes
Les Grands Cotils
St. Peter (Det.)
Torteval
La Croix
German Occupation Museum
Gull Bay
Les Laurens
Fores
Gull Rock
Belle Elizabeth
Les Bouffeures
Le Bigard
La Corbière
Les Tielles
La Creux Mahié
Les Ecrilleurs
Bon Repos Harbour
Corbière Bay
Le Gouff

D E F

D E

0 1.5 km N

© MERIAN-Kartographie

A
B
C
5
6
7
8
Plémont Point
Grosnez Point
Cotte à la Chèvre
Grosnez Castle
Plémont Bay
Petit Plémont
Creux Gros
Petit Becquet
Douet de la Mer
Rouge Nez Pt.
Grosnez
Racecourse
Portinfer
La Gabourellerie
Grand Becquet
Rouge Nez
Isle Agois
Ville la Bas
Les Palieres
Dolmen des Geonais
Gréve de Lecq
Old Fort
Le Pinacle
St. George
Lecq
Vinchelez
Barracks
Model Aircraft Field
Millais
Ville Bagot
Grande Etacquerel
Summer Lodge
Le Moulin de Lecq
Petit Etacquerel
La Porte
Battle of Flowers Museum
Trodez
Puits de Leoville
L'Etacq
Judith Queree's Garden
Treasures of the Earth
Bas du Marais
La Saline
Dolmen du Mont Grantez
St. Ouen's Village
Bouchet Agateware
Jersey Pearl
St. Ouen
Military Museum
Channel Islands Jersey Woollen
Ville au Bas
St. Ouen
St Ouen's Manor
B32
La Ville Abbe
La Caroline
Kempt Tower
Les Niemes
St. Ouen's Bay
Lewis Tower
La Croix au Lion
St. Ouen's Pond
Val de la Mare Reservoir
L'Ouziere
La Hougueтte
The White Menhir
Les Mielles Golf Course
Airport
Le Port
Jersey
Les Ormes Golf Course
Standing Stones
Les Brayes
La Rocco Tower
Francfief
St. Brelade
La Moye Golf Course
Jersey Lavender
La Pulente
Clos Des Sables
Red Houses
A13
Rose Farm
La Sergentee
Petit Port
St. Brelade
Corbière Point
Le Grouet
Le Marais
Mont Sohier
Table des Marthes
La Moye
Bouilly Port
Corbière Lighthouse
Beau Port
St. Brelade's Bay
Grosse Tête
Pt. la Moye
Pt. le Fret

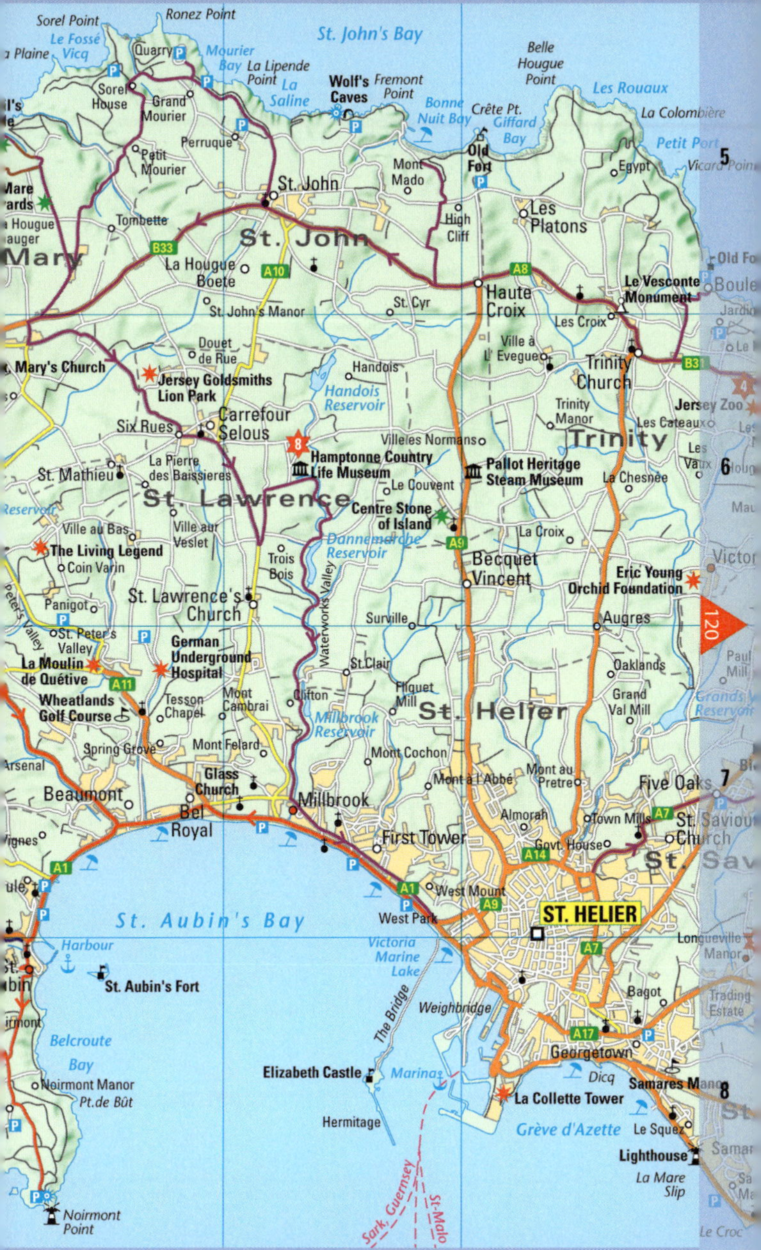
Sorel Point
Ronez Point
Le Fossé Vicq
Plaine
Quarry
Mourier Bay
La Lipende Point
La Saline
St. John's Bay
Wolf's Caves
Fremont Point
Bonne Nuit Bay
Belle Hougue Point
Les Rouaux
Crête Pt.
Giffard Bay
La Colombière
Petit Port
Vicard Point
Sorel House
Grand Mourier
Perruque
Petit Mourier
Old Fort
Mont Mado
Egypt
St. John
High Cliff
Les Platons
Tombette
St. John
B33
La Hougue Boete
A10
A8
Haute Croix
Le Vesconte Monument
Old Fort
Boulay
St. Cyr
St. John's Manor
Les Croix
Ville à L' Evegue
Trinity Church
B31
Douet de Rue
Handois
Mary's Church
Jersey Goldsmiths Lion Park
Handois Reservoir
Trinity Manor
Jersey Zoo
Six Rues
Carrefour Selous
Les Cateaux
Trinity
Villeles Normans
Hamptonne Country Life Museum
Pallot Heritage Steam Museum
Les Vaux
St. Mathieu
La Pierre des Baissieres
Le Couvent
La Chesnée
St. Lawrence
Centre Stone of Island
Ville au Bas
Ville aur Veslet
Dannemarche Reservoir
A9
La Croix
The Living Legend
Coin Varin
Trois Bois
Becquet Vincent
Eric Young Orchid Foundation
Panigot
St. Lawrence's Church
Waterworks Valley
Surville
Augres
St. Peter's Valley
German Underground Hospital
St.Clair
Oaklands
La Moulin de Quétive
A11
Fliquet Mill
Grand Val Mill
Wheatlands Golf Course
Tesson Chapel
Mont Cambrai
Clifton
St. Helier
Grands Reservoir
Millbrook Reservoir
Spring Grove
Mont Felard
Mont Cochon
Arsenal
Glass Church
Mont à l'Abbé
Mont au Pretre
Five Oaks
Beaumont
Millbrook
Almorah
Town Mills
A7
St. Saviour Church
Bel Royal
First Tower
Govt. House
A14
A1
West Mount
A9
St. Aubin's Bay
West Park
ST. HELIER
Harbour
Victoria Marine Lake
A7
Longueville Manor
St. Aubin's Fort
The Bridge
Weighbridge
Bagot
Trading Estate
Belcroute Bay
A17
Georgetown
Elizabeth Castle
Marinas
Dicq
Samares Manor
Noirmont Manor
Pt.de Bût
La Collette Tower
Hermitage
Grève d'Azette
Le Squez
Lighthouse
La Mare Slip
Sark, Guernsey
St-Malo
Noirmont Point
Le Croc
120
5
6
7
8
0
1.5 km
N

A B C

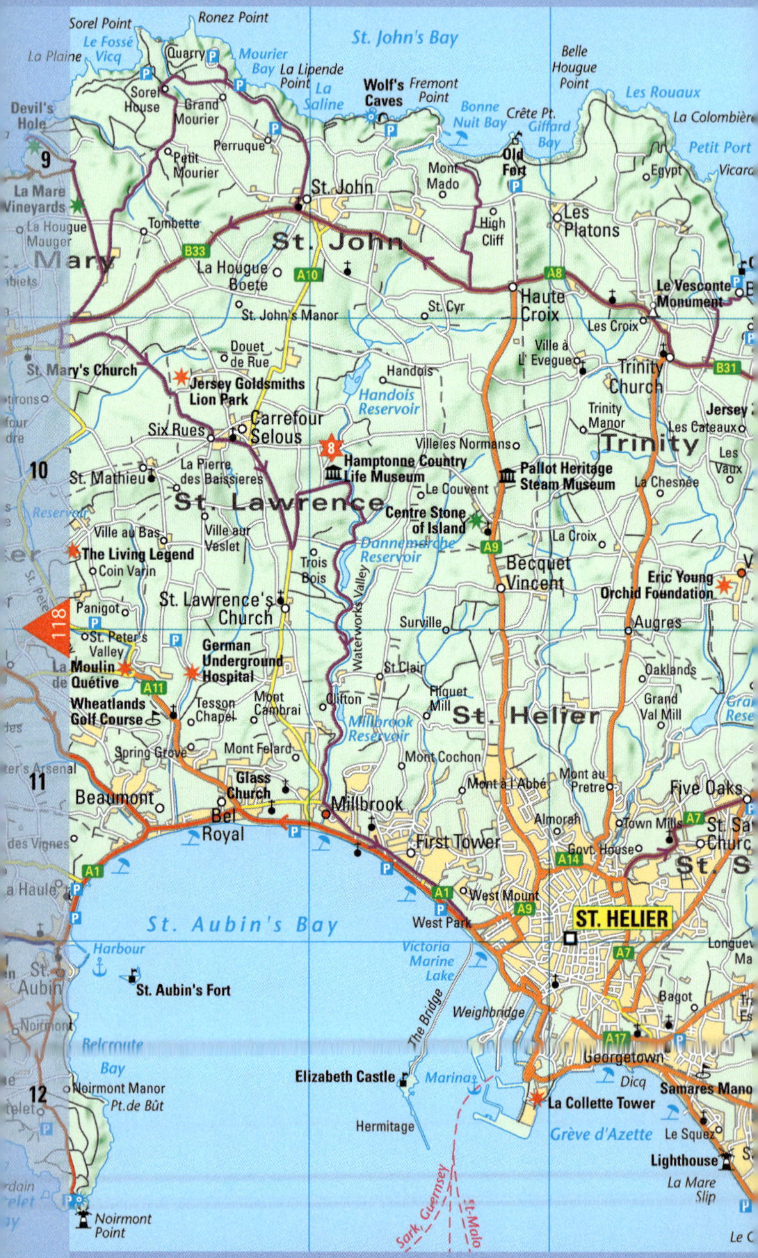
Sorel Point
Ronez Point
Le Fossé Vicq
La Plaine
Quarry
Mourier Bay
La Lipende Point
La Saline
St. John's Bay
Wolf's Caves
Fremont Point
Belle Hougue Point
Les Rouaux
La Colombière
Bonne Nuit Bay
Crête Pt.
Giffard Bay
Petit Port
Vicard
Devil's Hole
Sorel House
Grand Mourier
Perruque
Petit Mourier
Old Fort
Egypt
9
La Mare Vineyards
St. John
Mont Mado
High Cliff
Les Platons
La Hougue Mauger
Tombette
St. Mary
B33
La Hougue Boete
A10
A8
Haute Croix
Le Vesconte Monument
St. John's Manor
St. Cyr
Les Croix
Douet de Rue
Ville à L' Evegue
Trinity Church
B31
St. Mary's Church
Jersey Goldsmiths Lion Park
Handois
Handois Reservoir
Trinity Manor
Jersey
Les Cateaux
Six Rues
Carrefour Selous
Villes les Normans
Trinity
10
St. Mathieu
La Pierre des Baissieres
8
Hamptonne Country Life Museum
Pallot Heritage Steam Museum
Les Vaux
La Chesnée
Le Couvent
St. Lawrence
Centre Stone of Island
Reservoir
Ville au Bas
Ville aur Veslet
A9
La Croix
The Living Legend
Coin Varin
Trois Bois
Dannemarche Reservoir
Becquet Vincent
Eric Young Orchid Foundation
Panigot
St. Lawrence's Church
Waterworks Valley
Surville
Augres
118
St. Peter's Valley
German Underground Hospital
La Moulin de Quétive
St Clair
Oaklands
A11
Wheatlands Golf Course
Tesson Chapel
Mont Cambrai
Clifton
Fliquet Mill
St. Helier
Grand Val Mill
Millbrook Reservoir
Spring Grove
Mont Felard
Mont Cochon
11
Glass Church
Mont à l'Abbé
Mont au Pretre
Five Oaks
Beaumont
Bel Royal
Millbrook
Almorah
Town Mills
A7
St. Saviour's Church
des Vignes
First Tower
Govt. House
A14
St. S
A1
West Mount
La Haule
A9
West Park
ST. HELIER
St. Aubin's Bay
Harbour
Victoria Marine Lake
Longueville Manor
St. Aubin
St. Aubin's Fort
The Bridge
Weighbridge
Bagot
Noirmont
Belcroute Bay
A17
Georgetown
Elizabeth Castle
Marina
Dicq
Samares Manor
12
Noirmont Manor
Pt.de Bût
La Collette Tower
Hermitage
Grève d'Azette
Le Squez
Lighthouse
La Mare Slip
Sark, Guernsey
St-Malo
Noirmont Point
Le C

A B C

D
E
F
9
10
11
12
English Channel
(La Manche)
Bouley
Bay
Tour de Rozel
Nez du
Guet
Fort Rozel
Rozel
Bay
L Etacquerel
Côtes
du Nord
Fort
Rozel
Le Couperon
Saie Harbour
La Coupe Point
Pot du
Rocher
Rozel
Mill
Fliquet
Bay
St. Martins
Arsenal
Ville
Brée
Ville es Nouaux
Fliquet
Rozel Manor
Verclut
Point
St. Catharine's
Les Champs
Fevrerie
St. Martin
Lighthouse
B46
La Croix
Belval Cove
Manor
Croix au
Maître
St. Martin
Gibraltar
St. Catherine's
Bay
Village
Ville es Gaudins
a Boucterie
Les Carrières
Archirondel Tower
Beuvelande
Havre de Fer
Archirondel
Maufant
La Crête Pt.
Ransoms
Garden Centre
Anne Port
Grands Chemins
Faldouet
Davisonerie
Dolmen de Faldouet
Carteret
La Hougue
Bie
Gorey
St. Saviour's
Hospital
Petit Portelet
ougue
seum
Prehistoric
Burial Mound
Ville es Philippes
Mont Orgueil Castle
Highstead
Queens Valley
Reservoir
Jersey
Pottery
Gorey
Harbour
Gorey Village
Fort William
Catillon
A3
Boulivot
Ville ès Renauds
Royal Jersey Golf Course
Croix
Catelain
Le Bourg
Grouville
Fort Henry
Grouville
Arsenal
Grouville
Royal Bay
of Grouville
A4
Fauvic
St.
Clément
A5
Le Hurel
Clement
Pontac
La Rocque
Le Haguais
Le Bourg
Le Hocq Point
A4
La Rocque Point
Havre des
Fontaines
Le Nez Point
Clement's
Bay
Plat Rocque Point
0
1.5 km
N
© MERIAN-Kartographie

Kartenregister

Orts- und Sachregister

Hier finden Sie alphabetisch aufgeführt alle in diesem Band beschriebenen Orte und Ziele, Routen und Touren. Bei einzelnen Sehenswürdigkeiten steht jeweils der dazugehörige Ort in Klammern, bei Hotels steht zusätzlich die Abkürzung H für Hotel. Außerdem enthält das Register wichtige Stichworte sowie alle MERIAN-Tipps und Extras des Reiseführers. Wird ein Begriff mehrfach aufgeführt, so verweist die **fett gedruckte** Zahl auf die Hauptnennung.

Liebe Leserinnen und Leser,

Sie haben die komplett aktualisierte Ausgabe 2003 von MERIAN live! vor sich, die von unserer Autorin aktuell vor Ort nachrecherchiert wurde. Wir freuen uns, Ihre Meinung zu diesem Reiseführer zu erfahren. Bitte schreiben Sie uns, wenn Sie Berichtigungen und Ergänzungsvorschläge haben oder Ihnen etwas besonders gut gefällt.

Gräfe und Unzer Verlag, Reiseredaktion, Postfach 86 03 66, 81630 München
E-Mail: merian-live@graefe-und-unzer.de

Alle Angaben in diesem Reiseführer sind gewissenhaft geprüft. Preise, Öffnungszeiten usw. können sich aber schnell ändern. Für eventuelle Fehler übernimmt der Verlag keine Haftung.

Redaktion: Ewald Tange
für bookwise, München
Kartenredaktion: Reinhard Piontkowski, Beate Jankowski

Bei Interesse an Karten aus MERIAN-Reiseführern schreiben Sie bitte an E-Mail: geomatics@ipublish.de

Gestaltung: Ludwig Kaiser
Karten: MERIAN-Kartographie
Produktion: Helmut Giersberg
Satz: bookwise, München
Druck und Bindung: Appl, Wemding

Alle Fotos von U. Haafke außer: K. Bötig 41, 84; Colorvision/ H.R. Uthoff 55 m, 55 o, 63 u; G. Karl 14; K. de Kuveland 11, 35 o; R. Irek 10/11, 49, 59, 73 o, 73 m, 74, 80/81, 98/99; D. Schröder 9 m, 45, 97; T. Trox 16/17, 24, 55 u, 73 u, 78, 86

Gedruckt auf Primabulk
von Papier Union.

GRÄFE UND UNZER

Ein Unternehmen der
GANSKE VERLAGSGRUPPE

ISBN 3-7742-0805-0

10 9 8 7 6 5 4 3 2 1